# 丹尼尔·笛福传

## 《鲁滨孙漂流记》作家的漂泊人生

【英】威廉·明托——著

孔宁——译

辽宁人民出版社

**图书在版编目（CIP）数据**

丹尼尔·笛福传：《鲁滨孙漂流记》作家的漂泊人生 /
（英）威廉·明托（William Minto）著；孔宁译. —沈阳：
辽宁人民出版社，2023.9
ISBN 978-7-205-10758-1

Ⅰ.①丹… Ⅱ.①威… ②孔… Ⅲ.①笛福（Defoe,
Daniel 1660—1731）—传记 Ⅳ.①K835.615.6

中国国家版本馆 CIP 数据核字（2023）第 077209 号

策划人：孔宁

| | |
|---|---|
| 出版发行 | 辽宁人民出版社 |
| | 地址：沈阳市和平区十一纬路 25 号　邮编：110003 |
| | 电话：024-23284321（邮　购）　024-23284324（发行部） |
| | 传真：024-23284191（发行部）　024-23284304（办公室） |
| | http://www.lnpph.com.cn |
| 印　　刷 | 辽宁新华印务有限公司 |
| 幅面尺寸： | 145mm×210mm |
| 印　　张： | 7 |
| 字　　数： | 175千字 |
| 出版时间： | 2023 年 9 月第 1 版 |
| 印刷时间： | 2023 年 9 月第 1 次印刷 |
| 责任编辑： | 阎伟萍　孙　雯 |
| 装帧设计： | 留白文化 |
| 责任校对： | 耿　珺 |
| 书　　号： | ISBN 978-7-205-10758-1 |
| 定　　价： | 58.00元 |

丹尼尔·笛福
（1660—1731）

# 威廉·明托简介

威廉·明托（William Minto，1845—1893），英国苏格兰学者、作家、哲学家、批评家、记者、编辑、小说家。

明托出生于苏格兰阿伯丁郡奥尔福德镇旁的内泽·奥沁图尔镇（Nether Auchintoul），1865年毕业于阿伯丁大学并获艺术硕士学位，1866年进入牛津大学莫顿学院深造，并获数学、古典学和哲学等学科的优异奖。之后回到阿伯丁大学任苏格兰著名哲学家和教育家亚历山大·贝恩（Alexander Bain）教授的助教，在阿伯丁大学执教期间创作了《英语散文文学手册》《传记与评论》等。

1873年明托迁居伦敦，1874—1878年间为《观察者》杂志撰写政论和文学文章，之后成为英国著名的《每日新闻报》和《蓓尔美尔街报》的主笔之一。1880 年后，明托回到阿伯丁大学接任退休的贝恩教授继续执教生涯至生命的最后。

**代表作：**

非虚构类：《英语散文文学手册》（*Manual of English Prose Literature*）、《英国诗人性格：从乔叟到雪莱》（*Characteristics of English Poets from Chaucer to Shirley*）、《逻辑：归纳与演绎》（*Logic: Inductive and Deductive*）、《丹尼尔·笛福传》（*Daniel Defoe*）、《散文创作的基本原理》（*Plain Principles of Prose Composition*）等。

**虚构类：**

《世界末日》（*The Crack of Doom*，科幻小说）、《拉尔夫·哈迪洛特的仲裁》（*The Mediation of Ralph Hardelot*）、《她到底是善人还是恶人？》（*Was She Good or Bad？*）等。

**论文：**

撰写的有关拜伦、杰弗里·乔叟、查理·狄更斯、埃德加·爱伦坡、威廉·华兹华斯、约翰·德莱顿、约翰·斯图尔特·密尔、亚历山大·蒲柏、沃尔特·司各特、埃德蒙·斯宾塞、劳伦斯·斯特恩等文学评论文章大量被大不列颠百科全书选用。

# 前　言

　　有关笛福的传记，市面上已出版的版本诸多。第一本笛福传记是乔治·查尔默斯[①]在 1786 年出版的，第二本笛福传记是沃尔特·威尔森[②]在 1830 年出版的，第三本笛福传记是威廉·李[③]在 1869 年出版的。三个版本的笛福传记皆为三位作者耗尽心力与大量时间，进行独立研究与发现之后创作而成。据考证，笛福生前创作了约 250 本书和宣传册，但署名的作品凤毛麟角，因此若想对其作品进行全面细致的研究，则需耗费大量心血。即使全部完成，会发现这些笛福创作的诸多作品，仍然存在许多争议。也许，在这个世界上，没有几个人能够真正读完他那些匿名或用笔名出版的作品，总体而言，这是关于笛福全部作品方面达成的共识。不过，幸运的是，就那些对笛福的人生与品格有着清晰认知的人们而言，这样的认同绝对不是按照一些内部证据去进行猜测而得出的结论。笛福有时会将自己的名字或是名字大写字母缩写，署名于自己的某些作品上，然后将其他作品的作者身份作为一个公开的秘密。不过，在已确定的笛福作品中，我们也可以对其人

---

① 乔治·查尔默斯（George Chalmers，1742—1825）：苏格兰古文物研究者、作家。
② 沃尔特·威尔森（Walter Wilson，1781—1847）：英国传记作家、牧师。
③ 威廉·李（William Lee，1815—1883）：爱尔兰作家。

生观与行为准则有一个较为全面的了解。可遗憾的是，已经出版的众多笛福传记版本中，作者竭尽全力的研究往往集中在细枝末节之处，由此对笛福的人生核心思想并未形成清晰的认知，对他在宗教、政治以及英雄崇拜等方面的偏见，缺乏必要的阐述。在创作本书时，我将威廉·李写就的笛福传记，作为我在编撰笛福生平时间顺序方面的参考与指引。我在大英图书馆阅读了所有已被确定的笛福作品，掩卷沉思，我愈加笃定，迄今为止我们仍无法收集全部的笛福作品。我们只有在现有的基础上，努力探究那个历史大背景下与笛福传奇人生有关的诸多的蛛丝马迹吧。

威廉·明托

1879 年 1 月

# 目　录

# 第一章
# 笛福的青年时期与早年的追求

❦

文人的一生并不总是丰富多彩。一些文人在精神体验方面感想丰富，却在现实生活中唯唯诺诺，裹足不前。他的传记作家却竭力传递给想了解传主故事的人们，他的创作习惯是什么？他是怎样说话的？他是如何履行对家人、邻居及其本人的职责的？他在关于人类命运这些重大问题上的看法是什么？我们想要知道他说过什么话，写过哪些文章，而非想去了解他在书房、家庭或社会层面以外的其他事情。关于笛福这一生中对于社会有着影响的行为里，最直观的外在表现即他出版的那些著作。

丹尼尔·笛福可能是名人当中的特例：他不仅是一位文人，而且还是一位在现实生活中积极投身社会活动的社会活动家。让他在文学历史上获得不朽名声的作品，对他来说只能算是他人生中一个无心插柳的结果。对笛福来说，文学创作只是他旺盛生命力在诸多领域内的

《鲁滨孙漂流记》英文版首版内封

一种局部绽放而已。当他创作《鲁滨孙漂流记》①一书的时候，已年近六十。在那之前，他曾当过革命者、商人、制造商、流行讽刺文章的作家以及破产者。他曾担任过一个公共委员会的秘书，在连续五届政府里肩负着收集秘密情报的工作。除此之外，他还写过难以计数的宣传册，担任过不止一家报纸的编辑。事实上，笛福就像他所崇拜的那

① 《鲁滨孙漂流记》（*Robinson Crusoe*，又译作鲁宾孙漂流记，或鲁宾逊漂流记。直译作鲁滨孙·克鲁索）：由丹尼尔·笛福59岁时出版的第一部小说，并成为其代表作，后成为传世经典作品。首次出版于1719年4月25日。这本小说被认为是第一本用英文以日记形式写成的小说，享有英国第一部现实主义长篇小说的头衔。原书名为："The life and strange surprizing adventures of Robinson Crusoe, of York, mariner: who lived eight and twenty years all alone in an un-inhabited island on the coast of America, near the mouth of the great river of Oroonoque; having been cast on shore by shipwreck, wherein all the men perished but himself." 直译为"关于一名叫作鲁滨孙·克鲁索，诞生于约克镇，并且因为船难而独活在一个美洲海岸边、接近奥里诺科河河口的小岛长达28年的水手的陌生又奇妙的冒险故事"。由于过长，通常简称为《鲁滨孙漂流记》。

小说讲述了一位海难的幸存者鲁滨孙在一个偏僻荒凉的热带小岛——特立尼达拉岛上度过28年的故事，而其伙伴是主人公从食人族手中救下的一个被俘虏的土著人。这个故事的创作一般认为是受苏格兰人亚历山大·塞尔科克的亲身经历所启发，他曾流落于智利南太平洋岛的一个叫作 Más a Tierra 的小岛4年之久（该岛于1966更名为鲁滨孙·克鲁索岛），是智利胡安·费尔南德斯群岛中的第二大岛。

在19世纪末，西方文学中还没有哪部书比《鲁滨孙漂流记》有更多的版本、衍生品、译文，后者甚至有700多种改编，包括无文字的小儿图书。

笛福继续写了一些不出名的续集，如《鲁滨孙·克鲁索的更多漂流记》（*The Farther Adventures of Robinson Crusoe*）。该书原本是小说的最后一部分，根据第一版原先的标题页上这是第三部分，即后加的《鲁滨孙·克鲁索对人生和冒险的严肃回顾，以及他预见的神间世界》（*Serious Reflections During the Life & Surprising Adventures of Robinson Crusoe, With His Vision of the Angelic World*）；基本上，这部分主要是道德论述，并赋以克鲁索的名字以增添吸引力。

些英雄一样，过着冒险而又丰富多彩的生活。他总是能够以冷静与丰富的智慧去解决诸多的人生难题。

我们必须要感谢笛福将自己人生中所遭遇的众多事情记录下来。他身上有着一种充满生命活力的冒险精神与气质，喜欢讲述自己人生中的冒险故事。在他众多的作品里，我们可以找到一些散落的信息，并且根据这些信息去逐步勾勒出他相对完整的人生轮廓，以付诸文字形成传记。对于每一个尝试去记录笛福人生的传记作家来说，这都是一大优势。不过，另一个不利条件，就是我们会对他留下的这些文章的真实性持一种质疑的态度。从多个层面来看，笛福都是一位非常擅长讲故事的人。如果只是存在他个人留下的记录的话，孤证难立，我们很难对他的记录完全采信，毕竟每个人都会习惯性地美化自己。

1661年，笛福生于英格兰伦敦。有趣的是，现在世人所熟悉的笛福（Defoe）这个名字，其实并不是他的本名，因为这个名字是他后来给自己取的。他的父亲是克里普门圣吉尔斯地区教区的一名屠夫，他的姓氏是福（Foe）。他的祖父是北安普敦郡的一名自耕农。在他的《土生土长的英格兰人》一书里，笛福就用轻蔑的口吻谈论着他这个宣称具有"诺曼贵族血统"的家族，对他们的祖先是鼓手或是陆军上校的说法进行驳斥。不过，笛福显然是出于个人的虚荣心，希望世人认为他是一个具有法国诺曼血统的贵族后裔。但是，对于笛福这样一个精力充沛而又追求完美的人来说，他绝对不会容忍自己原先的名字跟随自己终生的。大约在他四十岁的时候，他就将自己的签名从"D. 福"改为"笛福"。但是，威廉·李这位具有耐心的传记作家发现，笛福在这之后的很多文章里，都是以"D. 福"或是"D. F."等签名来代表自己，有时甚至会使用"丹尼尔·迪·福"或是"丹尼尔·笛福"。后来，"丹尼尔·笛福"就成为笛福在文学领域内广为人知的一个代号了。

当笛福人到中年的时候，经常有人会嘲笑他缺乏学识。每当遇到这种情况，笛福总是会幽默地表示，如果他真的是一个笨蛋，那么这也不能怪他，而只能怪在他父亲的头上，因为他的父亲"从来都不愿意在让他接受教育方面花一分钱，正因为如此，他才无法成为布朗那样学识渊博的人"。笛福的父亲是一位非国教徒①，是安斯利牧师所在教会的成员。笛福一开始原本想要成为一名非国教牧师，"但是，这对我来说是一场灾难。因为我后来发现，自己对成为牧师根本一点都不感兴趣"。在年轻的时候，笛福曾在一所神学院里接受过成为牧师的训练，当时的他大约只有 14 岁，并且要在那里接受 5 年的教育。在这样的训练结束之后，笛福也解释了他没有成为站在讲台上发表布道演说的牧师，而是改变了自己的人生目标，下定决心要投身商业，成为一名长袜商人的原因。关于这方面，笛福做出了很多解释，但总的来说，还是因为在他看来，牧师这个职业在当时的社会环境下，既不是一份光荣的职业，也不是一份有趣的职业，更不是一份可以赚大钱的职业。笛福认为，因为有太多资质很差的人成为牧师，所以整个牧师队伍的素质已经很低了。很多牧师都是单纯通过获得了教会颁发的证书而当上牧师的，他们根本就缺乏作为基督徒所应拥有的学识。因此，这些牧师根本没有能力真正地组织教众集会，或是得到较多教众的捐助。除此之外，普通教众对一般牧师的看法，都是持反感态度的，流露出一种非基督徒应有的精神。最后，那些真正有能力的人都不会去选择做牧师，而是另谋高就。而伦敦地区的牧师职位，通常都

----

① 非国教徒（Nonconformist），也可译为不从国教者。是对英国基督教新教中拒不参加国教会的教会及其信徒的总称。16 世纪，英格兰在亨利八世时期进行宗教改革，脱离天主教会，成立国教会（圣公会），并将其规定为英国国教，要求所有臣民必须信奉国教，并尊国王为英国教会之首。但非国教的教派及信徒不肯服从，被称为"非国教徒"。

会被那些来自其他地方的人所占据。"来自英格兰各地的牧师都会聚集在这里。"其中一些牧师来自苏格兰，他们在获得任何正式任命之前，就已经先来到这里了。因此，要想在伦敦这座大都市里担任牧师，竞争是相当激烈的。

虽然，笛福将他在纽因顿·格林地区莫顿①先生创办的学校中所接受的教育，称为"无所事事地消磨时间"，并称当时学校的教育方式只能激发他内心的鄙视之情，但他还是对莫顿老师的优秀能力表达了敬意。除笛福之外，莫顿所教育的其他几位学生，也都表达过类似的看法。从某个层面来看，莫顿的教育方法的确要比当时其他学校的教育方式来得更好。莫顿要求，学生的所有论文都必须要以英文进行书写，在进行辩论时，也必须要使用英文。因此，正如笛福所说的，虽然莫顿的很多学生"在语言学习方面做得不是很好"，但是"他们都在掌握英文方面做得非常不错，并且要比当时其他任何学校做得都要更好"。至于笛福是否在纽因顿的这间学校里掌握了基本的写作技能，我们如今已无从知晓。但是，对于笛福日后所展现出来的文学才华，我们的确不知道他到底是从哪里学习到的。不过，很多接受过大学教育的人经常都会嘲笑他，将他贬低为"一个没有文化的家伙"，不是真正的学者。对于这样的嘲讽，笛福是非常反感的。正因为如此，笛福也曾创作了一些文章，专门对此进行反驳。1705年，笛福难以压抑内心的怒火，向约翰·图钦②发起挑战："与他一道就任何拉丁文、法文或是意大利文的作品进行翻译对比，然后再进行横向的交叉对比。每一

---

① 莫顿（Charles Morton，1627—1698），英国著名教育家。他创办的方言语言教育体系后被美国的哈佛大学沿用至今。

② 约翰·图钦（John Tutchin，1660—1707），英国社会活动家、记者、辉格党人。

本书的赌注是二十英镑。"笛福还曾对以轻蔑口吻嘲笑他为"一个没有文化的家伙，一个没人知道名字的文盲"的斯威夫特<sup>①</sup>说："他已经利用闲暇时间掌握了五门语言，并且一直保持着对这些语言的了解程度。虽然他无法就此撰写任何法案放在他家门口，也无法在《评论》文章当中使用这样的拉丁文引言。"总而言之，笛福始终无法忘怀别人嘲笑他缺乏学识的这一行为。在威廉·李认定是笛福所创作的一篇文章（这篇文章刊登在《苹果蜂期刊》上），笛福就谈论了他对于"学识"的理解。下面，我引用笛福在这篇文章里所提到的部分内容：

我还记得，几年前，这个世界上有一个经常被斥责为缺乏文化的无知之人，很多人都嘲笑他是'没有文化的人'，在这些人当中，就包括了在过去那个时代里，被认为是所谓的身处上流社会的那些人物……

一次，我刚好碰巧来到了这个人的书房，发现他正在忙着翻译有关描述第聂伯河<sup>②</sup>流域的文字，地图上关于这条河流的文字都是用西班牙文写成的。还有一次，我发现他正在翻译一些讲述天体运行规律的拉丁文字。作为一名天文爱好者，我想要看看他到底翻译得是否准

---

① 斯威夫特（Jonathan Swift，1667—1745），英国 - 爱尔兰作家。他作为一名讽刺文学大师，以《格列佛游记》和《一只桶的故事》等作品闻名于世。根据历史记载，他有多重身份。包括神职人员、政治小册作者、讽刺作家、作家、诗人和激进分子。

② 第聂伯河（Dnieper），又译德涅伯河，全长 2290 公里，为欧洲第四长的河流（仅次于伏尔加河、多瑙河与乌拉尔河）。它发源于俄罗斯首都莫斯科以西的瓦尔代南部沼泽，流经白俄罗斯和乌克兰，出海口为黑海。在公元前 5 世纪，古希腊的历史学家希罗多德已经有记载这条河流，称波利斯科欧斯河（River Boristhenes）。

确。最后，我发现他非常精通拉丁文，并且能够充分理解原作者想要表达出来的深奥含义。简而言之，我发现他非常精通拉丁文、西班牙文与意大利文，并且还能读懂希腊文。之前，我从未见过一个外国人能够如此流利地说法语——但是，这个人并不是学者！

在另一个场合，我听到他谈论有关科学方面的话题（他竟然还会谈论这方面的事情，这着实让我感到非常惊讶），是关于宇宙天体的运行、距离、体积、运转周期以及行星之间相互影响的关系，还包括彗星运行的过程以及全新宇宙哲学思想的演变历程。但是，这个人并不是学者！

除此之外，他对地理与历史也是了如指掌的。即便他是在谈论世界上那些最为遥远的国家，他都能够如数家珍，以非常精确的数据将这个国家的情况介绍出来，并且还能将其他国家与地方一一阐释清楚。他能够说出每个国家所信仰的不同宗教以及当地的风土人情。他说得非常真实，仿佛他就是那个地方的土著一样。他似乎不仅知道其他地方所发生的事情，而且还知道世界上其他地方的人正在做着什么事情。我的意思是，他似乎知道在这个世界的其他角落里，到底在进行着怎样的商业活动，从事着什么门类的工业制造，或是发生了什么重大的事件。他的脑海里似乎装着人类各国的发展历史与现状——但是，这个人并不是学者！

因此，在很长的一段时间里，我都在不断地思考，世人所谈论的这种学识，到底是什么样的一种东西呢？到底所谓的学者又是由什么东西构成的呢？在此，我要说，一个人能够掌握五门不同的语言，并且还能读懂第六门语言，还掌握着与天文学、地理学、历史学以及其他学科相关的知识（我不好意思直接说出这个人的名字，因为我是一个谦虚的人），但即便如此，世人仍然还在说，这个人并不是学者！

笛福在学校里学到了多少知识以及他日后出于经商的压力，又学习了多少知识，我们无法进行具体评估。但不管怎么说，笛福所掌握的知识，足以让他就公共事务写下很多文章，并且超过了当年那些嘲笑他没有文化的所谓"学者"。

　　当笛福从莫顿的学校里毕业时，不管他当时到底掌握了多少知识，这样的知识足以让他担任一名牧师，只是他的内心深处不再想要去做牧师而已。不过，聪明的笛福不允许自己在学校里学到的知识慢慢生锈，因此他立即运用已经掌握的知识，投身到现实的生活当中。在纽因顿学院读书的时候，笛福就对政治方面的话题非常感兴趣，因此他们能够找到很多就此进行讨论的话题。他的很多同学都是非国教徒，因此他们很容易受到查理二世国王①与捍卫新教主义、民众自由势力之间斗争的影响。在查理二世国王统治的最后那几年里，笛福在何种程度上参与到了这场斗争活动当中，我们只能进行一番猜测了。不过，可以肯定的是，笛福是站在民众这一边的。后来，笛福在所写的一本宣传册里表示，他与自己的党派只是在一些细小的方面存在着分歧。当他加入这些党派的时候，是绝对不希望看到土耳其的军队包围维也纳的，因为虽然奥地利人都是天主教徒，但土耳其人显然是站在匈牙利改革者那一边，而奥地利政府当时曾大肆镇压这些改革者。笛福曾读过有关土耳其这个国家的历史，知道这个国家信奉的是伊斯兰教，因此他每天都祈祷着，土耳其人绝对不能战胜一个信仰基督教的国家，不论这个基督教国家到底是信仰基督教的哪一个分支。"在那个时候，我只是一个年轻人，一个年轻的作家（此时是1683年），我反

① 查理二世国王（Charles Ⅱ，1630—1685），苏格兰、英格兰及爱尔兰国王，属于斯图亚特家族，生前获得多数英国人的喜爱，以"欢乐王""快活王"（Merrie Monarch）闻名。

对土耳其人，并且发表文章公开表示反对。不过，我的文章却遭受了很多人不友好的评论。"从笛福所写的这些文字里，我们可以看出，他很早就开始创作宣传册，就一些时事问题表达自己的观点与立场。当他站在实力偏弱的那一边，或是写出了任何可能会危及其性命的文字时，他应该是没有署名，或是没有署真实姓名的。否则他肯定是难逃一劫。正因为笛福在创作这些宣传册的时候没有署名，因此要想对他当年创作的宣传册的数量以及究竟有哪些宣传册是他创作的进行统计，就成了一个无从破解的无头公案。但是，如果笛福在二十来岁的时候，就敢于将自己称为一名作家，那么由此可见，他的心智成熟度还是非常高的。

事实上，笛福并不满足于单纯写作。对于精力充沛的笛福来说，要是单纯将全部的精力都投入写作当中，这是对他精力的巨大浪费。只是在那个充满着政治阴谋与倾轧的时代里，只有写作这种方式，才能让他将胸中的感受彻底地抒发出来。我们几乎可以肯定一点，笛福在这个时候加入了一些秘密组织，并且参与了武装反抗国王暴政的活动。笛福曾亲笔写过，他参加了蒙茅斯公爵①发动的起义。当时，查理二世已经将手上的权杖移交到了詹姆斯二世这只毒蝎手上。当事态处于安全可控的时候，笛福才站出来吹嘘这件事。事实上，笛福所吹嘘

---

① 蒙茅斯公爵（James Scott, 1st Duke of Monmouth, 1649—1685），原名詹姆斯·克罗夫茨（James Crofts）或詹姆斯·菲茨罗伊（James Fitzroy），是英国的一位贵族。他是英国国王查理二世最年长的私生子，为情妇露西·瓦尔特所生。他曾参加过第二次英荷战争。此后，率领英国军队参加第三次英荷战争。后来带领一个英国、荷兰联合旅参加法荷战争。1685年，他发动蒙茅斯叛乱，试图推翻叔父詹姆斯二世。一位部下在汤顿宣称蒙茅斯公爵为英国合法国王。蒙茅斯公爵试图利用查理二世之子以及新教徒的身份来反对信奉罗马天主教的詹姆斯二世。叛乱失败后，他于1685年7月15日被斩首。

的这些事情之所以得到验证，很大程度源于其他人在偶然的情况下所给予的确认。这个确认的信息源，就来自他当时在纽因顿读书时的三位同学，这三位同学分别出现在杰弗里地区与柯克地区的起义牺牲者名单之上。

在躲过了这场针对所有起义者的抓捕行动之后，笛福从1685年开始，在康希尔①的弗里曼地区经营长袜生意。关于笛福具体从事哪一门类的商业活动，一直都是存在争议的。但是，我们不应该过分关注他具体是从事哪一行业的经营。后来，当有人嘲笑笛福曾做过一名长袜商的学徒时，笛福非常气愤地否认了这一言论，解释说虽然他是做长袜生意的人，但他从来都不是那种传统意义上的店主。在笛福所创作的《项目的论文》（*Essay on Projects*）里，就曾对自己的这一段经历进行了详细的描述。根据笛福的描述，他在国内所销售的这些长袜，都是从国外进口来的。笛福还表示，他为这些商品所付出的保险费用，有时甚至要比运费还要昂贵。在他的《英格兰商人全集》（*Complete English Tradesman*）一书里，笛福就讲了一个非常有趣的故事，表明他曾凭借着个人的智慧，识破了那些想要在白兰地酒委托运输方面欺骗他的人。从这个故事里，我们可以知道，笛福所从事的生意，有时需要他前往西班牙。可以说，这是我们首次了解到笛福在商业层面上的冒险活动。

七年之后，也就是1692年，笛福不得不躲避他的那些债主，而再

---

① 康希尔（Cornhill），英国历史核心和现代金融中心伦敦市的一条街道，介于银行交叉口和利德贺街之间。康希尔是伦敦的三座古代山丘之一，另外两座是伦敦塔所在的塔山（Tower Hill）以及圣保罗教堂所在的卢德门山（Ludgate Hill）。康希尔的最高点海拔17.7米。康希尔街上有两座克里斯多佛·雷恩爵士设计的教堂：圣米迦勒堂，位于古罗马市集遗址；和圣彼得堂，被认为是伦敦最古老的基督教地点。

次前往海外。笛福在他所写的一篇文章里，就表示自己之所以会在商业上遭遇这样的厄运，就是因为他受到了骗子的欺骗。因此，他希望将自己遭受诈骗的故事写下来，然后又声称自己完全还清了当初欠下的所有债务。事实上，笛福所宣称的这些事情，可以由他的一位竞争对手通过独立的方式进行证明，这位竞争对手，正是笛福当年曾经发出挑战，要与其进行翻译拉丁文比赛的图钦。笛福之所以在《英格兰商人全集》一书里很少见地谈及个人的经验，按照他的说法，正是为了"教育英格兰本土的商人，特别是那些年轻的商人"。当然，这也解释了笛福回复信件的对象，基本上都是年轻人。笛福凭借着个人敏锐的洞察力，了解那些从事生产与商品交换过程中不同环节的人所扮演的角色。他表示，自己在这本书里所给予的建议，并不适合那些天生的商人或是贸易者。他对贸易者这个词语的庸俗定义就是"从事海外商品贸易的人"。虽然，笛福在个人所写的很多书与宣传册里，都表达了要维护商业贸易尊严的观点，但他从来不会放弃任何一个嘲笑那些自命不凡的所谓上层有教养的人的机会。笛福绝对不希望后来的商人像他那样重蹈覆辙。可见，笛福在这本书里，是站在某个高度对那些小商人显露出一种屈尊俯就的姿态。

在《英格兰商人全集》一书的前言里，笛福就谈到了很多经商失败的可怜年轻人失去了前途，表示这些年轻人要么是"缺乏必要的经商智慧"要么是"太过聪明了"。但是，正当读者会认为他可能要谈论一下自己经商失败的经历时，笛福却对此避而不谈，只是表示："他在几年经商生涯里，见过不少年轻人在经商道路上失败了。"与此同时，我们也可以做出合理的推测，就是当他警告年轻的商人不要幻想自己日后成为政客或是文人的时候，或是认为自己可以一马平川任驰骋或是一帆风顺时，要明白一个道理，就是当他们原本应该在柜台后面工作时，就不要心心念念要前往咖啡厅休闲，阅读着维吉尔①或是贺拉斯②的书籍。因为，此时的笛福正在忙着创作文章与进行账目的计算，他会稍微总结一下自己作为商人失败的原因。他提醒那些出入商海的年轻人的脚步不要迈得太快，要以他作为榜样，让四轮马车保持着平稳行驶。他其实并非处在一个可以教导别人的位置上。不过，我们可以肯定一点，笛福也充分认识到，正是过分轻率的决定，才让他参与了商业投机的行为。

毫无疑问，当笛福积极投身商业经营时，他对那个时代严峻紧张的政治局势也保持着高度的关注，绝对不是一个冷眼旁观者。当詹姆斯二世国王想要废除保护新教徒与天主教徒的《信教自由令》时，与笛福同属一个教派的人准备抓住这个机会进行反抗，而根本不会考虑这可能会带来什么后果。不过，笛福并不赞同这些人的观点。笛福后来表示："正如他经常所说的那样，他宁愿看到奥地利的天主教消灭匈牙利的新教徒，也不愿意看到土耳其帝国那些异教徒蹂躏德国，杀害那里的新教徒与天主教徒。"因此，"他对那些非国教徒表示，他宁愿看到英格兰的教会遭受罚款，或是财产遭到没收，因而过着艰难的日子，也不愿意看到天主教从教会或是异教徒中消失，不愿意看到这些教徒被捆在熊熊燃烧的大火中烧死"。也许，笛福在他创作的一本宣传册里表达了这种坚定的思想，虽然在这个议题上，我们无法找到可以确证是笛福创作的宣传册。

---

① 维吉尔（Publius Vergilius Maro，公元前 70—公元前 19），英语译为 Virgil，是奥古斯都时代的古罗马诗人。其作品有《牧歌集》、《农事诗》、史诗《埃涅阿斯纪》。
② 贺拉斯（Horace，公元前 65—公元前 8），罗马帝国奥古斯都统治时期著名的诗人、批评家、翻译家，代表作有《诗艺》等。他是古罗马文学"黄金时代"的代表人之一。

光荣革命之海战

威廉·李就曾将一本四开本的著作《就国王陛下关于良知自由的宣示做出的反思信件》（ *A Letter Containing Some Reflections on His Majesty's Declaration for Liberty of Conscience* ）说成是笛福的作品，这就显得有点过分轻率了。笛福可能会就那个时代的很多重大时事问题创作过宣传册，但这些宣传册都没有流传下来，因此我们很难对此进行真伪的甄别。不过，笛福在现实生活的实践当中，掌握了写作宣传册宝贵的能力。正是这种宝贵的能力，在他日后的人生中起到了很重要的作用。因此，如果笛福创作了数十本宣传册，而这些宣传册都没有流传下来，这也不足为奇了。在那个时代，宣传册所起到的作用，与今天报纸上的头条新闻是差不多的。可以说，那个时代的报纸是名副其实的新闻记录，而不是表达、引导某种舆论导向的工具。在那个时候，观点与思想的表达，并没有完全与宣扬事实或是谣言联系起来。比方说，一个人要想影响公众的看法，就可以写一本或薄或厚的宣传册，这本宣传册可以是只有一页或是数页的宣传单，然后他可以将这些宣传单拿到大街上叫卖，或是卖给书店。可以说，这些印刷出来的宣传册数量是难以计数的，很多宣传册都在读者看完之后被扔在一边，几乎很难被完整地保存下来。如果说笛福那个时候创作了很多宣传册，那么这些宣传册的内容，也几乎不会在他15年后重新结集出版的个人作品集里出现了。即便笛福会将之前所写的宣传册内容重新出版，他也只会选择出版那些与现实存在着紧密联系的文章。如果我们考虑到笛福在1683年就将自己称为"年轻作家"这一事实，就可以知道他在查理二世与詹姆斯二世统治期间，积极参加这样的文学辩论。我们必须要记住一点，当时的出版审查是相当严厉的，因此笛福只能使用其他笔名来发表自己的文章，这就让我们更加无法去考证很多文章到底是否是他写的了。

在 1688 年光荣革命①期间，笛福毫不犹豫地表示支持新国王的立场。根据奥德米臣②的说法，笛福是"志愿骑兵团的一员"，这个骑兵团的成员主要是由市民组成的。笛福勇敢地跨上马，接受蒙茅斯伯爵的指挥（现在是彼得伯勒伯爵），前往白厅③迎接国王陛下，前来参加由伦敦市长大人与政府成员举办的宴会。3 年后，当普雷斯顿公爵策划詹姆斯二世党人发动政变时，笛福发表了一本确认是他所写的宣传册。这本宣传册以散文的形式写成，即《发现一个古老的阴谋，一篇针对叛国者与野心家的讽刺文章》( *A New Discovery of an Old Intrigue, a Satire Levelled at Treachery and Ambition* )。在这本宣传册的前言里，笛福表示"他从未放下手上的笔"，除非他的创作努力能够带来明确的社会变革，否则他就绝对不会放下手中的笔。如果我们按照字面的意思去理解，就可以认定，此时的笛福已经从一开始的出于虚荣心去创作，转而向为了引起社会向有益的方向变革而创造，毕竟他已经在创

---

① 光荣革命（Glorious Revolution），1688 年，英国资产阶级和新贵族发动的推翻詹姆士二世统治、防止天主教复辟的非暴力政变。这场革命由于没有出现流血冲突，因此被称为"光荣革命"。信奉天主教的詹姆士二世被迫出逃，他的女婿威廉继位，成为英国国王威廉三世。1689 年英国议会通过了限制王权的《权利法案》。奠定了国王统而不治的宪政基础，国家权力由君主逐渐转移到议会。君主立宪制政体即起源于这次光荣革命。至此，英国议会与国王近半个世纪的斗争，以议会的胜利而告结束。

② 奥德米臣（John Oldmixon，1673—1742），英国历史学家。

③ 白厅（Whitehall），又译怀特霍尔，是英国伦敦威斯敏斯特市内的一条大道，自特拉法加广场向南延伸至国会广场，亦为英国 A3212 号公路（特拉法加广场至切尔西）的首段。白厅是英国政府中枢的所在地，包括英国国防部、皇家骑兵卫队阅兵场和英国内阁办公室在内的诸多部门均坐落于此，因此"白厅"一词亦为英国中央政府的代名词。街道周边的区域也可称为"白厅"。

作之路上跋涉了 18 年。

当我们将笛福这本讽刺宣传册的文学价值，与德莱顿①的《押沙龙与阿奇托菲尔》的文学价值进行比较，就会发现笛福在这本宣传册的序言里就已经表示，这本宣传册的文学价值并不高。笛福为自己所写的文章感到骄傲。在他日后所归类的诗人名录里，他将自己列入"讽刺作家"的行列当中，也许，笛福认为，自己所写的那些聪明的打油诗要比他的传世名作《鲁滨孙漂流记》，更加具有文学价值吧。他当时所写的讽刺文章所受到的欢迎程度，更坚定了他在这方面的信念。但是，笛福当时认为具有价值的讽刺文章，在后人看来却是枯燥乏味的。在笛福生活的那个时代里，很多从事写作的人都喜欢使用名字的大写字母或是绰号来作为笔名，因为这样做方便他们说一些讽刺别人的话，或是进行不需要负责任的中伤行为。但是，这些讽刺文章都只是针对某个个体或是当时的一些重要事件。当这些个体或是重要事件烟消云散之后，这些文章也就失去了其本身的价值。当时，笛福所在地区的名人，比如拉尔夫爵士②与皮特爵士，还有那个希里·韦利与汤姆船长，都已经离开了这个世界。笛福当年匆忙写出的那些宣传册，在那个特定的时代背景下，肯定具有它们应有的意义与价值，但在当代读者看来，却是无比沉闷与缺乏文学价值的。也许，这些文章里存在一些闪耀着智慧的格言，是值得我们稍稍去留意与摘录的。

---

① 德莱顿（John Dryden，1631—1700），英国著名诗人、文学家、文学批评家、翻译家。1668 年的英国桂冠诗人。他被当作是王政复辟时期的主要诗人，以至于这一段文学史被称为德莱顿时代。沃尔特·司各特称他为"光荣约翰"。

② 拉尔夫爵士（Sir Ralph Sadler，1507—1587），英国政治家、国会议员。

# 第二章
## 威廉三世的副官

1692 年，笛福遭遇了第一次经商失败。据说，他当时不得不临时逃往外地以便躲避债务，只能在债主找不到他的地方，与他的那些债主进行谈判，直到这些债主最后同意接受他能承受的还款期限。据说，当时的笛福躲在了布里斯托①。关于他还有一个故事，他是一个周日绅士，因为他在周日这一天，总是会穿着时尚而整洁的衣服，而在其他的时候，都会躲在家里，担心法警找上门来。但是，笛福是一个天性乐观的人，因此绝不允许这样的打击影响到他的人生发展之路。他始终相信，阴云迟早会慢慢散去。

他是一个有着多方面才能的人，根据他对商人概念的理解，他随时可以根据现实情况的需求，去做其他方面的工作。在此期间，他做过很多工作，收到过卡迪斯地区一些商人的邀请，希望他担任佣金代

---

① 布里斯托（Bristol），或译布里斯托尔，英国英格兰西南区域的名誉郡、单一管理区、城市。布里斯托西临爱尔兰海，中世纪起已是一个重要的商业港口，地位一度仅次于伦敦，直到 1780 年代才被利物浦、曼彻斯特、伯明翰超过。现今的布里斯托是英国重要的航天、高科技及金融贸易中心，拥有一个国际机场。全市有两所大学，布里斯托大学和西英格兰大学。

理商"这份相当好的工作"。不过，笛福后来表示，虽然他对于自己这方面能力非常自信，但他的"内心世界却对离开英格兰，到其他地方开展工作感到不满。因此，他拒绝这种类型的工作机会"。他想要留在英格兰，"时刻关注着当时英格兰政治局势的动态，希望能够为英格兰政府筹措一些资金，用来应对可能出现的全新战争"。笛福写了一篇情感丰富、表明个人忠诚情感的宣传册《英格兰人的选择与真正利益：在与法国作战期间的应对问题，忠诚于威廉三世与玛丽皇后，认清他们应有的权利》( *The Englishman's Choice and True Interest: In the Vigorous Prosecution of the War against France, and Serving K. William and Q. Mary, and Acknowledging Their Right* )。他的文学创作能力让他得到了奖赏。他在"毫无争议"的情况下，被委任为玻璃制品关税专员，他一直担任这个职位到 1699 年。

从 1694 年到威廉三世统治结束的这段时间，是笛福人生中最辉煌与最有地位的阶段。他在英格兰政府里工作，但这并没有占据他的全部精力。他私下里仍然有时间去做自己的事情。在此期间，他在提伯利①创办了一间制砖厂与波形瓦工厂。威廉·李后来表示，若是从最近挖掘出来的砖来看，笛福当年的砖厂生产出来的砖质量还是不错的。不过，根据这方面的一位权威的说法，要想在这附近仍然找到笛福当年制造的砖，几乎是不可能的事情。不管怎样，笛福在这段时间过着富足的生活，还拥有了一架四轮大马车与一艘游船。我们还应该记住一点，就是笛福偿还了所有债主的债务，而没有完全按照当初约定的时间进行偿还。1705 年，笛福吹嘘自己已经将债务从 17000 英镑降低到了 5000 英镑。这笔债务包括了笛福那间波形瓦厂的失败所带来的

---

① 提伯利（Tilbury），英格兰埃塞克斯郡的一个城市。是一个港口城市，靠近泰晤士河的河口。

债务。

在获得政府的任命之后，笛福第一次为威廉三世创作的文学作品，就是他在1697年于《雷斯威克条约》①签订之后，创作的一本关于常备军问题的宣传册。正如他所说的，这是一场笔墨战争。接下来，就是欧洲大陆上出现的各种思想对抗，在笛福参与进来之前，这样的对抗已经持续了若干年。当时，很多人所写的文章，似乎都在贬低威廉三世麾下军队所取得的胜利，要求国王解散他的常备军，认为这支常备军的存在，会对国内民众的自由构成威胁。这些人的观点，遭到了拥护威廉三世的广大人士的强烈反对。事实上，当笛福发表了宣传册《关于常备军问题的看法，在得到国会的批准之后，常备军与一个自由政府的述求是一致的》(*Argument Showing that a Standing Army, with Consent of Parliament, Is not Inconsistent with a Free Government*)之后，他们的这场战斗就已经取胜了。因此，笛福在前言里吹嘘"如果书籍与写作不能达到这个目标，那么我们就要感谢上帝，国会驳斥了他的那些对手"。虽然笛福的这本宣传册出版的日子比较迟，但很多人都读到了他的这部作品，这更加巩固了他们在这场斗争中的胜利成果。

这是笛福首次为自己在文学界的名望打下基础。此时，他已经

---

① 《雷斯威克条约》(*Treaty of Ryswick*)，是1697年9月20日，法国和奥格斯堡同盟在荷兰雷斯威克缔结的国际条约，终结1688年爆发的大同盟战争。此条约的基本原则在于恢复1679年尼美根条约以后的占领地。根据条约，路易十四的法国获得史特拉斯堡和西班牙岛西部（现在的海地），恢复南印度的朋迪治里和加拿大的新斯科细亚。西班牙恢复被法国占领的加泰罗尼亚和卢森堡等地域，长期属于法国的洛林公国返还洛林公爵。英格兰未获得领土，但是，路易十四承认威廉三世为英格兰国王，承诺今后不再援助因光荣革命流亡法国的詹姆斯二世。

38 岁了，他那充满争议性的天才素养正在慢慢展现出来，他对语言的掌控也达到了炉火纯青的地步。他在日后所写的很多宣传册，都无法在说理性和逻辑性方面超越上述的那一本作品。这表明，此时的笛福已经掌握了将建设性的批判与摧毁性的批判能力神奇地结合在一起的写作技巧。笛福会怀着幽默的自信进入这样的争论，高举着常识的大旗，表示自己对思想极端的双方都缺乏任何的同情。他用直接而貌似合理的方式表明自己的观点，用生动而又有趣的方式向那些普通民众亮出自己的立场。因为，笛福知道，民众的想法绝对不是只有对或是错这两种极端的方面。笛福知道如何用最直接而富有效率的方式将对手的论点慢慢肢解，然后将这说成是让人困惑的东西，接着他再对这些支离破碎的观点，进行一番有趣的嘲讽。如果持这种想法的作者知道他们内心的想法，那么他们肯定会站在笛福这一边来。笛福鼓动喜欢他的读者将成见展示出来，并将这样的成见视为支撑自己观点的基础，然后大胆地嘲笑那些应该为此感到羞愧的人。笛福不愿展现出严密的逻辑思维模式，他只是像那些与他一样同属不动产所有者的民众一样。虽然他要比那些反对者更加清楚，这只是一个虚伪的借口而已。笛福从来不会想办法去激发民众的激情或是想象力。他将民众拉到他这边来的方法，就是阐述一些平凡的观点以及关于正确与合理的一般性观点。笛福在进行争论过程中所展现出来的沟通方法，是没有什么规律性可言的。他喜欢用一种急切而又详尽的方式，去展现出个人的风格。就笛福本人而言，他总是愿意大胆地将内心的想法表达出来，然后怀着热情，与他的那些敌人进行周旋。他所采取的方式包括与他们东拉西扯地漫谈，而根本不会担心这些敌人的言辞会将他逼到无路可退。他曾为某个阶层人士写过一篇文章，但不管他的这篇文章是多么全面与完整，都让很多人感到厌恶。说服众多的不动产所有者，这才是他的目标。在为了实现这个目标而出现的众多宣传册当中，没有谁的宣传册能够与笛福的政治性宣传册相比。从这方面来看，笛福的写作风格与科贝特<sup>①</sup>有点类似，但他没有展现出科贝特的那种野蛮凶狠的风格。笛福的写作风格要更加灵活，他的人生视野要更加开阔一些。科贝特是一个煽动性政治家，而笛福只是一个受到民众欢迎的政治家而已。科贝特适合去领导民众，而笛福只是适合去引导民众。可以说，笛福身上有着科贝特的一些影子，却有着更多科贝特所没有的优点。

威廉三世得到了国会的批准，可以拥有一支常备军，但这支常备军的规模并不如他想象中那么大。后来，这支常备军的规模又遭到进一步的削减。与此同时，笛福利用自己手中的笔去宣扬国王心目中认为重要的事情。他所写的《项目的论文》——"涉及市民政体与法国方面的事情"——按照我们今天的说法，就是提出了股份制企业的雏形，有助于推动这场革命中那些政治家想要的目标的实现，更有助于已经成立的新政府权贵阶层的利益，反对过去那个针对私人财富积累而暴政迭出的政府。可以说，笛福想要实现的目标是非常多样化的。当然，这样的分类并不是严格意义上的。笛福对"项目"一词充满活力的定义，就包括了"诺亚方舟"与"巴比塔"，甚至还包括了菲普斯船长提出的要打捞装满银币的西班牙沉船的计划。有些时候，一些人会将笛福在这些文章里展现出来的智慧思想，称为当代最伟大的公序良俗改进计划——其中就包括了保护海员、让女性接受更高的教育、成立银行、提升社会福利水平、建造公路等。但是，至于笛福是否真的提出了上述的种种概念，在历史文献上却无法找到确切的证据。很

---

① 科贝特（William Cobbett，1763—1835），英国自由党人、国会议员、记者、作家、农场主。

多时候，关于笛福曾提出这些想法的观点，都会遭到很多人的反驳。毕竟，要想证明这些都是笛福当年所提出的思想，我们就需要证明笛福的文章并没有剽窃任何人的观点。若是从现实角度去看，笛福提出的这些想法几乎都没能得到实现，因此我们也很难对他曾经提出的这些看法予以证实。笛福提出的这些项目，我们要么可以归结为是他自然流露出的看法，或是他遵从国王陛下的心意，很大程度上在于他提倡政府要对社会发展采取干预的行为。比方说，笛福提出政府要征收所得税，并且任命一位专员专职此事，这名专员要到全国各地进行巡视，确保任何人都不能逃税。在提出这个建议的时候，笛福表明了他对城市市民的私人收入的了解，但这也引发了人们对他"是否与一些权贵走得过近，因而专门提出有利于政府的建议"的质疑声。在他所创作的关于银行的文章里，笛福表达了自己的不满情绪，认为政府不应该对银行的贷款最高利率进行限制。笛福表示，这样做对于那些资金紧张的贸易者来说是毫无帮助的，正如这对那些原本就有一定财力的人来说，无疑是锦上添花。笛福提出的公路项目，是要在豪斯曼男爵的带领下建造全国性公路。不过，在笛福这些充满商业才华的计划里，我们更多看到的是他那充满热情的想象力与锐意进取的创造性。如果他在进行商业贸易活动的时候，是以同样的轻率方式去做的话，那么他遭遇失败，也是在情理之中的。可以说，笛福提出的这些计划，基本上都符合独裁者的内心想法，而不是站在政府顾问的角度去做的。这些文章具有的主要价值，就在于展现了笛福所具有的强大精神能量，他将一种冷静的思考方式与毫无节制的疯狂思想结合起来。笛福在这些文章里所迸发出来的那种热情洋溢的情感，是我们通常只能在那些疯子或是江湖骗子那里才能看到的。但话又说回来，若是笛福的这些建议真的能够实现的话，那么对于整个国家又确实具有非常积极的推动作用。笛福的《项目的论文》，只是单纯证明了其所具有的天赋。

光荣革命之后，英格兰政府首先要解决的一个问题，就是改革之前的政府行为方式——这样的改革举措本身是值得赞扬的。从政治层面上来看，这的确也能够将过去的英格兰政府与新政府之间形成鲜明的对比。在威廉三世统治初期，其还不在爱尔兰的时候，女王也会发表公开信，呼吁整个国家实现和平与正义，希望其他的皇族成员能够做出榜样，消除查理二世时期社会上形成的各种不良风气。在1697年那场战争结束之后，威廉三世同样发表了一篇宣言，希望能够取得类似的效果。威廉三世的这封公开信得到了国会的批准，要求国王陛下解决政府高层内部出现的各种弊端。在这个过程中，笛福给予了国王陛下很多帮助。他创作了一篇《穷人的诉求》（*The Poor Man's Plea*），这是他按照在国会发表演说时的口吻去创作的。笛福在这篇文章里表示，无论通过什么样的法律或是做出什么样的声明，只要贫苦的下层人士仍然在苦海里苦苦挣扎，只要那些执行法律的人都是腐败透顶之徒，那么这一切都是毫无意义的。笛福的这篇文章里充斥着各种有趣的奇闻逸事，表明当时整个司法系统内部普遍存在着人浮于事与酗酒的事实。后来，笛福多次以改革者的形象去对这样的情况进行抨击，有时他会用诗歌的形式去表达，有时则会以散文的方式去表达。当有人嘲笑他这样做的方式并不完美时，他坚决否认这样一个事实，即这种不完美的方式，并不影响他提出这些诉求所具有的价值。与此同时，笛福向指责他的人提出了挑战，恳请他们对他个人进行严苛的审查，看看他是否具有他在文章里所讽刺的那些毛病。

现在，我们已经无法确定，到底是什么原因让笛福与非国教者产生了严重分歧。笛福就是在一个不信奉国教的环境下成长起来的。但是，笛福发表了一本宣传册，抨击《间或偶奉国教法》（*Occasional Conformity*）的行为，从而与他的那些非国教信徒朋友出现了分裂。当时，这种所谓通过偶尔尊奉国教的方式，从而获得担任公职资格的做法，在光荣革命之后慢慢蔓延。一开始，这样的做法并没有引起人们的关注，直到一位不信奉国教的市长大人在周日参加了教堂的礼拜活动，然后佩戴着他的市长徽章前去参加非国教派秘密集会的时候，才引起了大家的关注。笛福反对这样做的原因，可以从他所说的这句话里看出来，"如果主代表着上帝，那么我们就要追随他。但是，如果这个主是太阳神的话，那么我们也要追随他"。笛福表示，一个人是可以在个人良知与宗教信仰方面实现和解的，从而参加教堂的礼拜活动，这不应该与他们是否是一名非国教徒形成什么必然的关系。《间或偶奉国教法》里提倡的做法："要么本身是一种罪恶的行为，或者说那些这样做的非国教徒，本身就是有罪的。"那些非国教徒不喜欢笛福提出的这种不相容的逻辑困境，表示由他们中的一员这样公开反对自己的做法，这是让他们感到极度恼怒的，毕竟绝大多数具有常识的人都会默认这样的做法。因此，他们不喜欢笛福，也就变得很自然了。当笛福在 1698 年首次发表这本宣传册的时候，并没有产生什么积极的反响。两三年后，笛福仍然为自己所持的立场所具有的那种无法被否决的逻辑性而高兴。他重新印刷了这本宣传册，并且向当时一位著名的非国教牧师豪伊提出了挑战。不过，当新国王登基之后，国会通过了一个法案，禁止进行间或偶奉国教的行为。笛福不断地发表文章，对此表示反对。在笛福看来，这样做违背了《宗教宽容法令》，可以视为一种迫害宗教自由的手段。若是从严格的逻辑层面去看，笛福是可以在这方面做得始终如一的，但是背后的推理过程则是比较复杂的。但不管怎么说，笛福一开始反对间或偶奉国教的行为，后来又站出来反对取消这样的做法，的确是前后矛盾。无论在哪一种情形下，笛福都将废除《宗教考察法》视为他想要实现的一个目标。因此，我们很难在相同原则下，对他在这两个问题上表现出来的不同态度进行任何解释。不管笛福如何反对以何种形式出现的圣餐礼，按照他当时所持的立场，他都是无法对抗非国教徒所形成的强大势力的。但是，如果笛福将这视为一种诽谤或是罪恶的行为，那么他就不可能坚定地反对这种禁止的法令，并且将这视为一种宗教迫害的行为。在这个问题上，没有谁比笛福本人更加清楚的了。一个有趣的事实是，在他就这个法案所写的第一篇宣传册里，就嘲笑这个禁止法案是一种迫害宗教自由的行为，认为这在政治与国家层面上压制着那些非国教徒。不过，我们可以再次将这与笛福所写的那篇著名宣传册《消灭不同教派的捷径》（*The Shortest Way with Dissenters*）联系起来去进行解读。

当西班牙国王卡洛斯二世①去世之后，因为没有子嗣，整个欧洲大陆封建王朝的秩序一下子陷入了混乱的状态。接着发生了历史上最具戏剧性的转折：这位西班牙国王在临死之前，将他的皇位传给安茹公爵腓力（即后来的西班牙波旁王朝国王腓力五世），也就是法国波旁王朝国王路易十四的第二个孙子。这件事为笛福充分发挥他那具有争议性的天才提供了一个绝好的机会。按照卡洛斯二世的遗嘱，如果腓

---

① 卡洛斯二世，西班牙哈布斯堡王朝末代国王，由于在他死后，西班牙哈布斯堡王朝再也没有直系的继承人，因此他临终前立下遗嘱，以法国安茹公爵腓力放弃法国王位继承权为前提，让腓力继承西班牙王位，这就是腓力五世。但神圣罗马帝国、英国、荷兰等国对此极为不满，反对腓力五世继承西班牙王位，于是以神圣罗马帝国、英国、荷兰等国组成联军，与法国、西班牙等国开战，企图让奥地利哈布斯堡王朝获得西班牙王位，这就是欧洲历史上的"西班牙王位继承战争"（1701—1714），这场战争最终以法国、西班牙一方获胜告终，但这两国也因此元气大伤，从此走向衰落，而英国趁机强大起来。

力担任西班牙国王，那么威廉三世就会发现他这一生推广的政策取得的成果都会化为乌有。虽然路易十四一再承诺会否认这份遗嘱的有效性，表示会遵守《比利牛斯条约》①，保证他与他的后代都绝对不会担任西班牙国王，并且在接下来的两个分离协议里提出的不同继承计划，但他没有在这件事情上表现出长时间的犹豫。在卡洛斯二世去世的消息传来之后，有关他祝贺他的孙子成为西班牙国王的消息就传出来了。因此，威廉三世多年来通过外交手段，苦心经营的天主教的平衡势力，就此轰然倒塌。随着西班牙与意大利几乎同时被纳入法国国王的控制范围，整个欧洲大陆几乎都落入了法国国王的手里。路易十四很快就表示，《比利牛斯条约》所造成的限制已经不复存在了，从而阐明了他要将西班牙纳入囊中的想法。路易十四还通过他的孙子作为西班牙国王的权力，将西班牙地区的荷兰边境城镇纳入法国的版图。按照当时的一份特殊协议，这个地区有荷兰军队驻守。虽然威廉三世对法国这位基督教国王背信弃义的做法感到极为愤怒，但他也没有表现出沮丧的神色。当年，他耗费心力将那些石头推上山去的努力，却突然化为乌有，那些被推上去的石头此时都纷纷滚下来了。但是，威廉三世仍然想要为此做出努力。不过，在他采取任何行动之前，最让他感到震惊与屈辱的事情，就是英格兰国会在这件事情上表现出来的态度。威廉三世对法国波旁皇族前往西班牙担任国王一事感到的震惊，

①《比利牛斯条约》(Treaty of the Pyrenees)，法国路易十四与西班牙腓力四世之间的条约，订于1659年11月7日，它结束了1648年至1659年之间发生的法西战争。西班牙国王腓力四世因没有得到哈布斯堡的支援，而决定割让边界领土给法国以和平结束战争。该协定还包括法国国王路易十四世和西班牙公主玛丽·泰蕾莎之间的婚约，公主的嫁妆为50万金埃居，分三笔付清。1660年6月9日，婚礼在法国南部城市圣让德吕举行。这婚约使未来的路易成为欧洲权力最大的国王。

竟然无法让英格兰当时的统治阶层感同身受。当时的英格兰统治阶层表示，相比于威廉三世的这种分割的方法，他们更愿意遵循已故西班牙国王的遗嘱。他们认为，相比于法国去占领意大利及西班牙的各个省份，法国单纯通过这样的方式与西班牙组成联盟，危险性要小得多。

威廉三世急忙召集了全新的国会开会。但是，绝大多数国会议员都反对使用武力的方式去维护《分割条约》。相反，他们敦促威廉三世给腓力五世发去承认他王位合法性的信件。甚至连法国人占领了佛兰德的军事堡垒，都无法改变这些国会议员的想法。他们说，这些都是属于荷兰人的事情，与英格兰关系不大。威廉三世想要说服这些议员，让他们明白两个新教国家的利益具有一致性的努力，最终还是白费了。这件影响欧洲大陆政治格局的大事让很多人创作了难以计数的宣传册。一般的英格兰民众认为，他们为了拥有这位荷兰国王而付出了太多的代价，而这位国王没有为他们这些拥戴他担任国王的民众做出任何事情。他们认为，威廉三世不断地牺牲英格兰的利益，只是为了他那个心爱的祖国荷兰。对普通的英格兰民众来说，签订《雷斯威克条约》又给英格兰带来了什么好处呢？难道威廉三世想要让英格兰陷入另一场旷日持久的战争，只是为了让荷兰这个国家拥有一个强大的防线吗？这样的想法在普通的英格兰民众中是非常强烈的，因为上一次战争所带来的伤痛依然让他们记忆犹新，他们能够感受到战争所导致的沉重负担在现实生活中带来巨大的影响。威廉三世不敢冒险采取任何行动组成反对法国的联盟，直到一件意外事件将这个国家的舆论，从之前那种乖戾阴沉的算计中惊醒过来。当詹姆斯二世去世的时候，路易十四宣布承认詹姆斯·爱德华·斯图亚特①为英格兰国王。当这件事情发生之后，英格兰民众心中那种想要与欧洲大陆隔离开来的想法，都烟消云散了。威廉三世立即解散了长期国会，按照战争的紧急状况去成立新国会。"这个世界上的所有国家，"笛福在谈到民众情绪突然转变的时候大声疾呼，"我从未见过像英格兰民众在态度转变方面，来得如此迅速彻底的。"

在接下来的十个月里，笛福就法国国王做出的这种让人难以忍受的羞辱行为，通过发表宣传册的方式表达个人强烈的愤怒情感，却没有什么作用。可以说，这是笛福在政治领域内最为活跃的时期了。相比于之前的默默无闻，此时的他已经40岁了，正在慢慢成为当时最著名的社会人士。他毫不犹豫地抓住了这个机会，想办法去推动国王所宣扬的政策。西班牙的国王卡洛斯二世在1701年10月22日去世，到了这年的11月中旬，也就是在这个消息传到英格兰之后的几天，并在法国国王决定让孙子继承西班牙国王这个消息传出之前，笛福就已经写了一本宣传册，这本宣传册是《需要考虑的两个重大问题。第一个问题是，法国国王需要尊重西班牙的王朝制度。第二个问题是，英

---

① 詹姆斯·爱德华·斯图亚特（James Francis Edward Stuart，1688—1766），威尔士亲王，又称老僭王，为英格兰、苏格兰和爱尔兰国王詹姆斯二世和詹姆斯七世与其后妻摩德纳的玛丽之子。他出生后仅数月，其父即因光荣革命被废黜，詹姆斯二世的新教徒长女玛丽及其夫奥兰治的威廉成为共治君主。1689年的《权利法案》和1701年的《继承法案》将天主教徒排除出不列颠王位继承。詹姆斯·弗朗西斯·爱德华在欧洲大陆被抚养长大，在其父于1701年去世后在詹姆斯党追随者和表叔法国国王路易十四支持下继承英格兰、苏格兰、爱尔兰王位，称英格兰和爱尔兰国王詹姆斯三世、苏格兰国王詹姆斯八世。14年后，他在1715年詹姆斯党起事中试图夺取不列颠王位未果。他于1766年过世后，作为詹姆斯党继承的一部分，其子查理·爱德华·斯图亚特继续宣称不列颠王位。

格兰政府应该就此采取什么行动》（*The Two Great Questions Considered. I. What the French Kimj Will Do with Respect to the Spanish Monarchy. II. What Measures the English Ought to Take*）。在这本宣传册里，笛福表示，如果法国国王是明智的人，那么他就会拒绝让自己的孙子继承这份充满危险的"礼物"。但是，如果法国国王决定接受这份礼物，那么英格兰除了与之前西班牙国内的其他政治势力以及欧洲大陆上其他国家结成联盟之外，别无其他的选择，并且敦促安茹公爵撤回自己做出的声明。不过，笛福所发表的这本宣传册遭到了很多人恶毒的攻击，很多人指责笛福这样做，就是为了在皇宫里谋求一个职位。笛福对此进行了勇敢的反驳，并抓住这样的机会，以更加清楚明了的方式阐明个人的思想与立场。在笛福的这两本宣传册里，我们可以看到他始终站在英格兰国家利益的立场上，并且用极富文采与逻辑的思想，谈论了要是允许已故的西班牙国王的遗嘱得到遵守，可能会带来各种严重的后果。面对着各种对手的反对声音，笛福用最强烈的方式，对他们的观点一一进行反驳。在当时很多英格兰人看来，西班牙的国王是谁，这有什么关系呢？不信的话，你可以问一下西班牙的对手。笛福用反驳的口吻说，如果按照这样的观点去看待这件事情的话，那么谁是爱尔兰的国王，就同样与我们毫无关系了。另一个人表示，这一切都关系到权力的平衡，这只是"英格兰国王为了保持常备军而需要的一个借口而已"。我们不需要这样一支常备军，而只需要拥有一支强大的海军，那么世界上任何国家都不敢欺负我们。我们国家的民兵组织足以能够抵抗任何外来的侵略。面对这样的声音，笛福回答说，如果我们的民兵组织真的如此强大的话，那么为什么拥有一支常备军会让我们担心这会影响到国内的自由呢？但是，如果你们反对英格兰国内设置常备军的话，那么你们就可以通过平衡各方的利益关系，然后雇佣德国的雇佣军或是其他国家的军队去做吗？即便我们自身有能力去打败任何侵略者的军队，那么最为明智的做法，还是要将战场放在本土之外的地方，而不是被动地等待战火蔓延到英格兰本土。笛福表示，我们不应该相信西班牙无敌舰队会自然而然衰落这样的奇迹再次发生。在谈到战争问题时，笛福经常会说："真正征服世界的国家，并不是那些拥有最锋利刀剑的国家，而是那些拥有最强经济实力的国家。如果法国国王的孙子成为西班牙国王，那么他们就会将世界上最富有的商业贸易航线都掌握在手上。法国人在管理好墨西哥与秘鲁这些西班牙殖民地的时候，肯定要比之前的西班牙做得更好。到那个时候，法国就会变成世界上最具财力的国家了。法国人就有足够的钱财去建造舰队，这就会让我们在美洲的种植园处在任由法国宰割的状态。在那之后，我们与西班牙的贸易活动——这是我国商人在对外贸易活动中利润最丰厚的贸易方——肯定会遭到法国人的破坏，最后利润消耗殆尽。我们在地中海地区的贸易活动，也肯定要遭到由法国控制的西班牙在直布罗陀海峡征收高额的关税。"简而言之，笛福认为，如果法国控制了西班牙王朝的高层，那么只有上天的奇迹，才能让英格兰避免成为法国的一个行省的命运。

让人遗憾的是，笛福提出的这种完全基于英格兰国家利益考虑的思想，却根本没有得到民众的普遍关注与认知。无论笛福的宣传册写得多么流畅，多么具有思想性，都无法改变当时英格兰民众表现出的那种强烈反战决心。在笛福创作的这些宣传册里，笛福也同样无法成功地激发出民众内心那种强烈的情感。这些宣传册也许是最能表现笛福创作能力的系列作品，其中就包括了《新教面临的危险，欧洲大陆有可能会爆发一场宗教战争》（*The Danger of the Protestant Religion, from the Present Prospect of a Religious War in Europe*）："可以肯定的是，谁都不能反对使用常备军来捍卫我们的宗教自由！"笛福大声疾呼："因为如果你们这样做的话，那么你们就将所谓的自由放在了比宗教自由更高的位置。显然按照常识来看，宗教自由应该是我们首先要去关注的第一自由。"但是，笛福诸如此类充满逻辑思想的言论，就像稻草那样，被淹没在民众反对战争的洪流里。除此之外，笛福发表的《国会议员的六种鲜明品格》(*Six Distinguishing Characters of a Parliament Man*)这本宣传册，也无法成功地说服"善良的英格兰民众"，从而改变议会的投票结果。笛福甚至还表示，作为每一个不动产所有者，都应该反对将新东印度公司与旧东印度公司之间的斗争，视为一个考验性的问题，因为这直接关乎整个大英帝国的生死存亡。笛福宣扬这些思想的宣传得到了广泛的传播，但在看到这些宣传册带来的反响后，他也只能努力控制住心中的怒火。不过，有趣的是，笛福所取得的一个胜利，竟然是在他根本没有想到的领域内出现的。英格兰民众引以为豪的那种宽容大度与公平竞争的理念，可以说在他们对笛福所创作的《真正的英格兰人》的接受程度时，得到了最为有趣的展现。此时，威廉三世的不受欢迎程度达到了顶点。那个时候，一些作家尝试将民众对国王的不满情绪转移到国王身边的那些荷兰亲信身上，表示"那些用憎恶的诗句写成的恶毒宣传册"就是《外国人》。在这本宣传册里，他们对国王身边的人进行了各种空穴来风、含沙射影的指控。在整个国民的情绪都被调动起来的时候，谁要想站出来进行直接的反驳，都是需要极大勇气的。但是，笛福就勇敢地站起来，反对这些人所创作的这本宣传册。笛福表示，这些嘲笑外国人的英格兰人，到底是一些什么样的人呢？笛福表示，英格兰人本身就是世界上混血程度最高的，这个世界上根本不存在真正英格兰人的概念，所有的英格兰人都是外国人的后代。笛福表示，每一个英格兰人身上，都流淌着其他民族的血液。

若是英格兰人吹嘘自身拥有血统纯粹的祖先，

这就好比蒙蔽了自己的双眼，讽刺着这个国家的存在。

所谓的真正英格兰人，其概念本身就是矛盾的。

这样的话本身就是一种讽刺，这个所谓的事实本身就是纯属虚构。

下面就是英格兰人的血统家谱。

我们的祖先是那么可怜，

他们是来自法国的一些军人，

他们曾与诺曼那些杂种一起作战，

他们最后取得了胜利。

一些人拿出了刀剑，一些人拿出了长矛，一些人拿出了弓箭，

这些都是他们伟大的祖先所佩戴的东西。

这就是那些先驱者留下的东西。

他们高贵而卑鄙的血液流传到我们身上，

但谁也不敢说他们就是英雄，

他们可能是鼓手，或是陆军上校。

过去沉默的历史都羞于承认，

他们当年所做的一些丑陋事情。

现在，这些所谓的英雄后代鄙视荷兰人，

抱怨这个国家来了太多的外国人，

他们忘记了自己本就是外国人。

这些人就是这片土地上最糟糕的恶棍。

他们是一大群喜欢叫嚣的小偷与强盗，

他们会洗劫这个国家，让城镇变得荒芜。

他们就像皮克特人那样憎恨着英格兰，就像那些喜欢叛变的爱尔兰人。

他们通过饥饿、偷窃以及劫掠的行为，

让挪威与丹麦的海盗都感到汗颜。

现在，那些红头发的后代散落在世界各地，

他们与法国诺曼贵族一起杂交，

形成了你们这些所谓的真正英格兰人。


随着时间的流逝，人们可能会说，

这里的气候可能会影响到当代人的繁衍，

正是上帝的选择，才让我们成为今天的我们，

让我们每天都能够更好地照顾好自己。

我们变成了欧洲大陆的垃圾场，

说很多不法之徒都纷纷来到这里避难，

让这些人的后代污染着这个国家的每一寸土地。

让英格兰成为很多流浪汉永恒的避难场所，

他们忽视了，正是这些人为英格兰人提供了全新的血液，

让英格兰这个古老的民族重新焕发了活力。

他们现在骄傲起来了，却鄙视那些他们曾经的祖先，

宣称自己才是真正的英格兰人。


从上面节选的这段话来看，笛福在表现讽刺情感的时候，似乎更加喜欢以直白的方式去做。从第一句话到最后一句话，笛福都在进行

着勇敢无畏而又直击人心的论述，开着很多无恶意的玩笑，似乎他是在怒发冲冠的时候挥毫写就的。那些暴徒不敢对这位勇敢无畏的幽默主义者处以私刑。在这群人对外国人的愤怒情绪达到顶点的时候，他们突然停下来嘲笑自己。他们似乎对笛福做出这样强烈的反击感到震惊，就好像一头犀牛被人用橡木棍子抽打了一番。笛福突然发现，自己竟然成为当时全英格兰的英雄，至少是成了伦敦民众心目中的英雄。笛福的这本宣传册遭到了盗版，足足印刷了八千多本。当然，这只是笛福对被盗版数量的估算，真实数量可能不止如此，这些盗版的宣传册都被很多人在伦敦的大街上叫卖。因此，笛福在其扉页上，将自己称为真正的英格兰人，并且经常将自己创作的这本宣传册视为个人经典代表作。笛福还告诉我们，正是这件事让英格兰国王知道了民间有他这样一个人在支持着他。

笛福绝不是那种会因为声誉鹊起而感到不安窘迫的人。他非常享受这样的名声。他还通过参加著名的肯特人请愿事件，想办法增加个人的名声。而肯特人请愿事件，也是国王在外交政策方面开始转变的一个标志性事件。据说，笛福就是那篇《军团纪念》（ Legion's Memorial ）宣传册的作者。他将这本宣传册寄到了议会下院，警告这些代表着世袭地产所有人，他们已经僭越了法律所规定的权力范围，不应该囚禁那些"忠诚于《供应法案》的人"。当肯特人请愿事件的那些请愿人从监狱里被释放的时候，受到了默塞大厅里的民众的热烈欢迎。笛福就坐在这些被释放的请愿人旁边，被视为贵宾。

遗憾的是，在笛福获得了威廉三世的信任后没多久，国王陛下就驾崩了。后来，笛福表示，在威廉三世生前，国王陛下经常会就一些问题咨询他的意见。他在威廉三世统治后期所写的很多宣传册，都是从与国王的交流中直接得到启发的。关于王位继承人，主要值得铭记的事情，就是笛福曾提出建议，希望遵照蒙茅斯公爵对继承人的建议，应该在查尔斯国王与露西·沃特斯所谓的婚姻中起到一定的作用。事实上，笛福提出的这个建议，有可能得到了国王的批准，因为威廉三世深刻体会到作为一个具有外国血统的人来担任国王的各种难处。除此之外，威廉三世完全有理由怀疑索菲亚公主在新教信仰方面的坚定程度。当英格兰民众对战争极度反感，突然因为法国国王宣布承认詹姆斯·爱德华·斯图亚特作为王位继承者的消息传来，而出现了一百八十度的逆转之后，英格兰民众变得对战争充满了渴盼。此时，国王抓住了这个机会，解散了长期国会，宣布按照民众意愿组建一个全新的国会。笛福通过对《英格兰民众的集体权力》进行审议与肯定，消除了不动产所有者的顾虑。笛福为国王陛下所做的最后一件事，就是创作了一本和自己此前的观点有点自相矛盾的宣传册《反对与法国战争的各种理由》（Reasons Against a War with France）。因为就在一年前，笛福在公众面前展现了强烈的支持战争的意愿，因此他这本宣传册的名称，一开始让很多人感到非常意外。但是，当民众翻看这本宣传册之后，却马上打消了这样的意外感觉，因为笛福在里面的所有内容都在表示，希望国王陛下能够马上对西班牙宣战，并且列举出了很多宣战的理由。笛福表示，向西班牙宣战，这不仅是符合正义的做法，而且还会给英格兰带来极大的好处。例如，这可以让英格兰有机会插手西班牙在西印度群岛方面的事务，从而弥补英格兰在商业贸易中遭受法国私掠船的劫掠所造成的损失。当然，笛福要解决的并不是单纯的劫掠行为，他的最终目标，是希望英格兰能够真正将西班牙控制的西印度群岛占为己有，使其成为英格兰的殖民地，将原本属于西班牙的财富变成英格兰的财富。因此，在笛福这本似乎意在追求世界和平的书名背后，隐藏着一种好战海盗般的逐利思想。笛福通过采用这种出人意料的名称来吸引读者的关注，比如使用了追求和平这样的字眼，实际上却是在鼓吹战争。这样的创作艺术，对笛福来说是驾轻就熟的。我们在之后会看到，笛福在这方面的运用技巧会超乎我们的想象。

# 第三章
# 不信奉国教的殉道者？

1702 年 3 月，威廉三世驾崩了。从此时起，我们必须要记录一下笛福与英格兰统治阶级之间关系的转变。在威廉三世统治期间，笛福作为御用文人的地位是显赫与高贵的。他始终热情直接地支持威廉三世提出的政策，不管他是凭借着自身的判断去做出这样的理解，还是通过一些直接或间接的暗示或指引而这样去做的，我们都无从考证。但从最终的结果来看，笛福显然是站在威廉三世这一边的。当别人指责他这样做是为了谋得一官半职时，笛福愤怒地予以否认，表示他从来没有想过通过这样的方式在宫廷内获得什么地位或退休金。在其他时候，他承认他受到了国王陛下的雇佣，并且得到了国王的很多超出他想象的奖赏。笛福在文学创作领域内得到的奖赏，都是他理所应当的，而他接受这样的奖赏，也没有任何不光彩的地方。因为，在威廉三世在世时，隐藏他们之间这样的关系，其实就是自欺欺人的做法。但是，随着威廉三世的去世，在党派的斗争与政府出现的权力真空，时局不稳时，笛福此时的很多做法，则无法用任何道德标准去进行衡量。

可以说，正是因为威廉三世的突然去世，才让笛福处于这种极度不确定的处境。在新国王登基之后，笛福所创作的第一篇文章，就与他之前创作的文章的立场是完全一致的。笛福没有像很多人那样通过贬低前任国王，来赞美新任的安妮女王。与此相反，笛福创作了一首诗歌《模仿的悲伤者》(*The Mock Mourners*)。在这首诗歌里，笛福赞扬了过去"那一段光荣的回忆"——这段话也是笛福后来经常会运用到的——他喜欢用这句话来反驳那些对已故的威廉三世出言不逊的人，反驳那些卑鄙无耻且忘恩负义的人。当然，笛福也歌颂女王陛下，他这样做是基于这样一个基础，即女王陛下登基之后，应该会遵循威廉三世的足迹。因此，笛福赞扬女王陛下的做法，其实也有一种劝勉的意味在其中。没过多久，在笛福创作的另一首诗歌《西班牙后代》(*The Spanish Descent*)里，笛福就抱怨英格兰舰队没有执行他提议的那个西印度群岛作战计划。笛福通过嘲笑英格兰舰队第一次在西班牙海岸作战期间徒劳无功的事实，表达内心的愤怒。除此之外，笛福还赞扬了西班牙在维戈①这座港口城市停泊的大帆船。在笛福的另一首诗歌《真正的英格兰人》(*True-Born Englishman*)里，这本宣传册取得的成功似乎让笛福产生了错觉，即让他认为他在诗歌创作方面有着很高的天赋——他使用诗歌的方式，谈论了行为形式的改革运动，狠狠地谴责了信仰这些教派的一些地方长官，这极大地激怒了那些非国教者。在宣传册《英格兰宗教忠诚的全新考验》(*A New Test of the Church of England's Loyalty*)里，笛福就不断宣扬着高教会派②并没有比那些非国教派忠诚多少，虽然他们同意宣誓作证，不再支持詹姆斯党人，并

---

① 维戈（Vigo），西班牙西北部的一座港城，加利西亚自治区第一大城。

② 高教会派（High Church Party），基督教圣公会的派别之一，与"低教会派"相对。最早于17世纪末开始在圣公会使用，主张在教义、礼仪和规章上大量保持天主教的传统，要求维持教会较高的权威地位，因而得名。

且承认安妮担任女王的合法性——这显然是那些和他同一教派的人更愿意接受的事实。

但是，当限制间或偶奉国教的法案被高教派的一些急躁的议员在 1702 年末提出之后，却得到了女王陛下热情的批准。此时，笛福所采取的行动，让很多非国教派成员威胁他，要将他逐出犹太教会堂。之前，我们已经见识过，笛福是如何强烈反对间或偶奉国教的行为的。当那些与笛福信仰同一教派的人咒骂笛福，将他说成是一个迫害他们的人时，笛福则火上浇油，发表了一本有趣的宣传册，用挑衅的方式来证明，所有诚实的非国教徒都根本不关注这个法案。笛福表示，除了他之外，虽然每个人都有着一定程度的勇敢心理，但他们"都是天生有原罪的人"。而只有他才能看到这样做所带来的真实作用。"所有制定了这个法案的人，都会认为这是对英格兰非国教徒的利益的伤害，但是这样的想法其实是错误的。那些非国教徒都认为，这些只不过是英格兰政府进一步迫害他们的一种前奏或是开端，认为这是英格兰政府准备废除宗教宽容法案所迈出的第一步。但是，诸如此类的看法都是错误的……所有这些冷漠的非国教徒都希望这一切都没有出现，他们认为国家所进行的大规模宗教迫害已经迫在眉睫。但是，他们这样的想法是错误的。所有那些因此而感到内心不安的非国教徒们，他们要么认为自己的敌人占据了一定的上风，要么就认为政府这样做会给他们带来灾难性的后果，但是他们这样的想法都是错误的。所有抨击政府这样做的非国教徒们将他们的判断视为一种正确的判断，表示如果他们手上掌握权力的话，肯定会废除这样的做法。但是，他们这样的想法是错误的。"简而言之，虽然笛福从来不认为那些推动这一法案的人"是出于一种对待非国教徒的善意，从而让他们从各种丑闻的肮脏环境中摆脱出来"。不管怎样，政府的这种做法，都是为了达到这一目标。在笛福看来，那些非国教徒是这样的人，"他们都想在去世之后能够上天堂"。因此，他们会向那些想要控制他们内心想法的地方长官表达个人的不满情绪。他们用警告的口吻对地方长官说，在正统的宗教崇拜中，并不是所有的形式都是符合《圣经》里面所提到的形式。在这个法案中，并没有出现任何针对非国教徒的歧视或是存在偏见的行为。这不仅会在政治领域内影响那些非国教徒，也会在国家层面上影响那些非国教徒，因为非国教徒可以在不违背自身良知的基础之上，去参加正统的宗教崇拜仪式，因此他们也没有必要为自己作为非国教徒而感到任何抱怨。这个反对间或偶奉国教的法案要是得以通过的话，将会让那些态度冷漠的非国教徒显露原形，也会让所有的政党摆脱这个毫无必要存在的麻烦，让所有人都能够得到相应的好处。

也许，我们可以说，当这个法案的通过已是铁板钉钉的时候，笛福做出的这种有趣的论述，在这个问题上做出一种法律层面上的表态，正是为了安抚那些与他信奉同一教派的人。但是，与笛福信奉同一教派的人却不这样认为。他们对此表达出强烈的反对意见，认为这是他们的敌人对他们发动的最恶毒攻击。不过，当这个法案在下议院通过之后，在上议院进行了部分修改，笛福突然又表达了自己的政治意见，出版了他人生中最著名的政治宣传册《消灭非国教徒的捷径》（*The Shortest Way with the Dissenters*）。在那个特殊的环境下，笛福出版这本宣传册，让他以非国教徒殉道者的形象获得了诸多声誉。在这本宣传册的"简介"里，笛福表示，他的这本宣传册与《间或偶奉国教法》没有任何关系，只是像他之前那样就这个议题发表自己的观点。在这本宣传册里，笛福谴责了这样的行为，将这个法案视为消灭那些非国教徒宗教机构的有用工具。按照笛福的说法，他创作这本宣传册的本意，就是要嘲笑那些自命不凡的保守党牧师，用简单明了的语言表明这些人对非国教徒所持的那种恶劣的态度。笛福通过"一种比较普通的讽刺手法"，对他们的一些说法进行激烈的反驳。

《消灭非国教徒的捷径》这本宣传册，有时被人们称为一本充满讽刺意味的宣传品。不过，圣茨伯里①先生就曾提出过这样的问题，即这是否代表着一种极端的情形，作者从未将自己本来的意图表达出来，而是以讽刺的方式将个人的观点隐藏起来了。也许，这个问题属于对宣传艺术手法的一种解析。但是，不管我们对此有怎样的看法，将笛福在创作这本宣传册里表现出来的艺术手段说成是一种精妙取巧的做法，都是不合时宜的。在笛福的这本宣传册里，我们无法找到像在斯威夫特的那些讽刺作品里所看到的点睛之笔。我们只能说，笛福的这部作品，像是引发争议的根本原因，而不能称为文学领域内的一种创新。笛福这本宣传册的全部价值，及其所具有的政治唤醒能量，就在于笛福对那些充满野心之人的秉性进行了个性化的描述，使用简单而有趣的语言，将那些激动的党派人士只敢在私下里向挚友表达的愤怒情感，直观而开诚布公地表达出来。按照笛福的说法，当他面对非国教徒这个问题的时候，最大的期望就是能够实现和平与统一，希望能够运用基督教的适度精神去解决问题。正如笛福在这本宣传册里所说的："你们的时代已经过去了，你们失去了权力，而这个国家的皇位则由一名皇族人士所占据，这个英格兰国王将始终是英格兰国教的朋友与成员……在过去的十四年里，我们从未听说过这方面的事情。你们提供的《宗教宽容法案》让我们感到恼怒，感到自己受了欺凌。但是，你们告诉我们说，你们的教堂是按照法律的规定去建造的，并

---

① 圣茨伯里（George Saintsbury，1845—1933），英国作家、文学史学家、学者、评论家。

且说信奉其他不同宗教的人也可以这样做。你们在我们的教堂门前，建造了伪善的犹太教堂，而这个教堂及其成员之间都对此感到非常不满，他们进行了宣誓仪式，发誓要断绝与其他教会的关系。但是，所谓的仁慈、宽容以及慈善去哪里了？你们对英格兰的教会表现出了善意的宽容，但是你们并不像你们建造教堂那样，愿意进行宣誓。你们已经宣誓效忠于合法且正义的国王，就不能免除这样的誓言。他们的国王现在仍在世，难道你们要向一位具有荷兰血统的国王进行宣誓效忠吗……现在，轮到你们做出决定了，你们绝对不会再遭受任何迫害了，因为这是不符合基督教精神的。"你们谈论着宗教迫害，但是你们所抱怨的宗教迫害到底是什么呢？"在英格兰，针对非国教徒所执行的第一部法律，是在詹姆斯一世国王执政期间颁布的。但是，这部法律最后又取得了什么效果呢？事实上，他们能够忍受的最糟糕结果，就是按照他们的要求，允许他们前往新英格兰，然后让他们在那里建立一个全新的殖民地，并给他们一些特权或是优惠的税收政策，给予他们一些合适的权力，让他们在受到保护的情况下去生活，帮助他们抵抗任何入侵者，并从他们手上不收取任何税收或是金钱的回报。这就是英格兰教会的残忍做法，因为他们表现出了一种致命的慈悲！正是这样做，才让那位杰出的王子在成为查理一世国王之后，遭到了毁灭。要是詹姆斯国王将英格兰所有的清教徒都送到西印度群岛，那么我们这个国家的宗教就会变得单一起来。英格兰的教会就不会出现分裂，而会以完整的形态呈现在世人面前。为了获得父亲的仁慈，他们就需要拿起武器去反对儿子。他们会采取征服、收买或是囚禁等方式去这样做，最后让那些神的受膏者①都处于死亡的状态，摧毁任何成型的政府。他们会推举一位龌龊的骗子，这位骗子根本没有进行统治的合法性，也根本不明白如何去治理整个国家。相反，他们会通过各个独立的地方议会去处理政务，而根本没有想到这会带来分裂的后果。查理一世国王在对待那些犯下弑君罪的残暴之人是多么的宽容，对他们展现出极大的仁慈与爱意，宽容了他们过去的做法，并且还继续让他们为自己服务。"至于詹姆斯国王，"仁慈似乎是整个家族的一种内在本质，他在统治初期，对这些人表现出了超出寻常的优待，因此他们不愿意加入蒙茅斯公爵主导的反对他的起义。因此，詹姆斯国王认为，自己这样做是正确的，但是这位异想天开的国王认为，他可以通过仁慈与爱意来赢得他们的爱戴，宣称给予他们彻底的自由，而不是表态反对英格兰的教会。至于这些人是如何报答他的，世人都知道了"。在威廉三世统治期间，"他是一个属于他们的国王，"他们"能够获得威廉三世的信任并得到诸多好处"。他们的人控制着政府的每个部门，他们肆无忌惮地侮辱着教会势力。但是，他们绝对不能想当然地认为，这样的事情可以持续下去。"不，先生们，讲究仁慈的时代已经过去了，你们追求优雅的时代已经过去了。如果你们想要得到什么的话，就应该践行和平、中庸与仁慈的行为。"

在这本充满着英雄气概的宣传册里，笛福滔滔不绝地谈论着个人的看法，最后他提出了这条建议："如果一条严苛的法律被制定出来之后，并且得到了完全的执行，即每一个参加非国教派秘密集会的人，都要面临被驱逐出境的命运，而那些非国教徒的牧师则会遭受绞刑，

---

① 受膏者（the Anointed of God），以油或香油抹在受膏者的头上，使他接受某个职位。就好像在旧约里的君王、祭司及先知，都是用橄榄油来抹在他们的头上，使他们受膏接受神所给他们的职分。

那么我们就能看到这个故事的最终结局——他们将会全部皈依我们的教会，在不到一代人的时间里，我们这个国家就只会存在一种宗教。"当然，这是笛福嘲笑那些教会人士压迫非国教徒的一种做法。他找到了很多支撑论点的论据，他列举了路易十四国王在镇压胡格诺派①方面取得的成功。笛福认为，任何执行不彻底的政策，即如要求那些一个月内没有前去参加圣餐礼的人交出五先令罚款的做法，都是无法取得什么作用的。这样一种小打小闹的做法，都无法让非国教派的成员最终臣服。"任何想要通过罚金的方式去达成目的的做法，都是愚蠢的。这只会让他们为自己遭受了惩罚而感到光荣。如果我们使用了绞刑架而不是罚款，那么他们就再也不会将参加非国教秘密聚会当成是一种光荣，任何在这种秘密聚会场合发表布道演说的人，或是那些前去聆听的人，都要遭受超乎他们想象的惩罚——只有这样，那些想要为他们教派而殉道的情况才会彻底消失。那些非国教徒就会严格听从治安官或是市长的话，他们宁愿一个星期前往四十次教会，也不愿意被绞死。""现在，让我们将那些小偷钉在十字架上吧。"笛福在这本宣传册的结尾处提出了这个充满好斗精神的建议，"愿全能上帝的每一个朋友都能够拥抱真理，让他们提升自身的行为标准，反对任何骄傲或是反对基督教的行为。只有这样，那些犯下了错误的人的后代，可能就会永远从这片土地上消失了"。

在这本宣传册里，笛福将自己的观点与立场完全隐藏起来了，他对那些不可一世的野心家的讽刺是那么鲜活。读者乍一看，就会怀疑《消灭非国教徒的捷径》是否是某位讽刺作家或是狂热分子所写的。当

---

① 胡格诺派（Huguenots），基督教新教加尔文教派在法国的称谓。胡格诺派在法国曾长期遭受迫害，还爆发了旷日持久的战争。在政治上反对君主专制。

事实的真相很快被披露之后，那些非国教徒对待笛福的态度，也没有比之前好多少，因为他们认为笛福所提到的这些建议是非常严肃的。这些非国教徒作为少数派，他们会表现出一种天然的羞涩感，因此他们无法领略笛福在这本宣传册里所表达出来的幽默感。笛福创作的这本宣传册的名称，足以让这些非国教徒感到惧怕与颤抖。唯一能够从这本宣传册里感受到幽默与有趣的人，就是那些辉格党人①。据说，一些高教派人士在初读笛福的这本宣传册时，并没有表达出热情洋溢的赞同。相反，当他们发现了笛福耍了他们之后，表现得极为愤怒。女王陛下身边的那些托利党②牧师，认为他们有必要针对笛福采取法律手段，因为当时这本宣传册作者的身份已经是一个公开的秘密了。在得知这个消息之后，笛福马上躲藏起来。一些人在报纸上刊登广告，表示谁能发现笛福的行踪，并且报告上去，就能获得一定的奖赏。关于笛福的逃亡之旅的描述也是很有趣的。这份报纸上刊登关于笛福的容貌描述，也是我们目前所能唯一找到的相关资料。当然，在笛福作品合集的扉页里，我们也能找到有关笛福的人物画像，当然这幅肖像的刻画，与下面这一段内容的描述是相当吻合的：

　　笛福是一个中年人，四十岁左右，有着棕色的皮肤，一头深棕色

---

① 辉格党人（Whigs），辉格党和托利党这两个政党名称都起源于1688年的光荣革命，一般认为他们是最早出现的资产阶级政党。辉格党标榜实行"自由的、开明的原则"，反对君主制，拥护议会制度，18世纪初曾长期执政达40余年。但19世纪走向衰落，后来演变为英国自由党。

② 托利党（Tories），在1679年议会讨论詹姆斯公爵是否有权继承王位时，赞成的人则被政敌称为"托利"。托利一词源于中世纪爱尔兰语的"亡命之徒"（tóraidhe），是政敌对托利党人的蔑称，后来沿用成习。托利党人是指那些支持世袭王权、不愿去除国王的人。19世纪演变为英国保守党。

的头发，但他喜欢戴着假发，长着鹰钩鼻，有着尖锐的下巴，一双灰色的眼睛，嘴巴附近有一颗痣。他生于伦敦，多年来在玉米山地区的弗里曼场从事着长袜的生意。现在，他是埃塞克斯地区蒂尔伯里堡附近砖厂的所有人。

这份悬赏广告刊登在 1703 年 1 月 10 日的报纸上。与此同时，与那本宣传册有关联的印刷工与出版商都遭到了逮捕。躲在安全庇护所里的笛福开始对自己创作那本宣传册的事情进行解释，声称他的那本宣传册，根本没有涉及当时国会正在讨论的那个公共法案，也没有与议会或是政府讨论的任何关于非国教徒的事情存在着联系。笛福还表示，他也是鲜明反对间或偶奉国教法的人。笛福表示，他在这本宣传册里所揭露的是，只是那些拒绝效忠女王陛下的人的伪善面目。笛福还提到了他所创作的几本书里都表达了相同的目标，虽然他在阐述这些目标的时候并不是那么的明确，但他的观点是一致的。但是，政府并不认可笛福这样的辩解。在女王陛下的那些顾问眼里，笛福的这本宣传册代表着充满恶意的攻击，并且将攻击的目标直指女王陛下。这些顾问表示，笛福创作这本宣传册，目的就是"要诽谤教会党派，将教会的存在视为一种压迫的宪政，并且为那些暴徒的所作所为提供了所谓的合理辩护"。当笛福发现政府那边的人根本不理睬他的辩解之后，笛福勇敢地走出来，他这样做，只是为了不牵连其他人。2 月 24日，笛福遭受了指控。25 日，《消灭非国教徒的捷径》这本宣传册引起了下议院的关注。最后，下议院通过议案，要求烧毁这本宣传册。笛福的审判在 7 月举行，他被判煽动诽谤罪名成立，还要支付给女王

梵高绘《纽盖特监狱》

陛下两百英镑的罚款，还要遭受三次颈手枷①的刑罚，并且用他的资产作为担保，保证在接下来的七年里都要遵纪守法。

　　笛福后来抱怨说，他在过着富裕生活时，曾经帮助过的三位非国教牧师，在他被关在纽盖特监狱②里的时候，一次都没有前去看望他。毫无疑问，这三位牧师的行为是缺乏仁慈之心的，但是笛福做出的这种抱怨，也确实是不够厚道的。如果他申请恳求得到牧师的帮助，他们有很多理由认为这是笛福厚颜无耻的再次挑衅行为的标志。虽然笛福是因为嘲笑那些野心家而被关在监狱里，但是倘若我们将他视为一位殉道者，这就是错误的。我们只能说，笛福是误打误撞被关在了监狱里。据我们现在的了解，他是因为《宗教宽容法》方面的事情被关在监狱里的。而那些非国教徒也因为这件事，而遭受了首当其冲的影响。在笛福遭受审判与定罪之前，被关在监狱里的时候，他再次创作了宣传册《通向和平与联合的捷径》（*The Shortest Way to Peace and Union*），表明了他对《宗教宽容法》更为详细全面的观点。笛福所提到的《宗教宽容法》，其实是得到一些温和的辉格党人支持的，并且在威廉三世统治期间是受到支持的，现在却变成了一部关于在宗教领域层面实施宽容政策的法律。事实上，笛福提出的建议与查尔

---

① 颈手枷（pillory），用木头制成的巨大枷锁套在犯人的脖子上，同时将双手固定在枷锁的两侧，这样双手和枷锁的重量都落在脖子上，非常痛苦，并要游街示众，受到街上人群的唾弃，是一种肉体折磨加精神羞辱的刑罚。

② 纽盖特监狱（Newgate Prison），位于伦敦市纽盖特街（Newgate Street）和老贝利街（Old Bailey）的拐角处。原址坐落于伦敦罗马墙上的一个门——新门。该监狱重建于12世纪，在1904年拆毁。它经过多次的扩建和重修，最终投入使用是从1180年到1902年，长达700多年的时间。

斯·莱斯利 ① 在《新联系》（*New Association*）这本宣传册里提出的观点是完全一致的，都是充满着讽刺精神的文章。莱斯利在这本宣传册里提出，非国教徒不得在政府部门里担任职务，并且应该为自己能够拥有宗教崇拜自由而感到知足。在非国教徒这个问题上，笛福敦促他们通过自愿撤回的方式，从而避免采取这种强制性的排外措施。双方极端的做法都应该遭受压制与打击。比方说，非国教徒一方的极端主义者，就是那些不满足于按照国家要求所得到的崇拜自由感到满足，除了获得宗教崇拜自由之外，还想要获得担任公职的权利。笛福认为，对英格兰的非国教徒而言，接受英格兰地方长官所负责的教会的管理，这是最符合他们利益的。笛福用往常自相矛盾的坚定直白的口吻对那些同一教派的人表示，"他提出这个建议的首要动机，就是希望他们不要失去政府对他们的信任"。当我们考虑到笛福在公共事务上所扮演的积极角色时，就不会对笛福支持这种剥夺非国教徒担任公职权利的做法，让非国教徒感到恼怒的事实，感到任何惊讶了。非国教徒的牧师拒绝承认笛福是他们中的一员。事实上，作为非国教徒，笛福并不受到当时掌权的托利党人迫害，而是受到了那些辉格党领袖的迫害。

当然，即便是这样，也无法减轻笛福所遭受的刑罚。1703 年 7 月的最后三天时间里，笛福，这位喜欢创作讽刺文章去讽刺别人的人，被套上了颈手枷示众，地点在坦普尔栅门附近的齐普赛大街，靠近

---

① 查尔斯·莱斯利（Charles Leslie，1650—1722），爱尔兰教会牧师。光荣革命后，詹姆斯党的领袖之一。

玉米山地区的伦敦交易所。不过，正如蒲柏①所写的这句诗不是那么准确：

被割下耳朵的笛福，面无愧色地站在大街上。

事实上，笛福并没有像很多人所传说的那样，被割下了耳朵。对笛福来说，他也根本找不到任何羞愧的理由。他受到那些暴徒的虐待方式，与那些反詹姆斯二世党人富勒的待遇是完全不同的。富勒是一个下流的流氓，曾试图通过宣扬希瓦利埃是一个虚构的孩子，去赚几英镑的钱。而创作出《真正的英格兰人》（*True-Born Englishman*）的笛福，是一个受到民众欢迎的人。他被套上颈手枷走在大街上的场景，对他来说是展现出的胜利，而不是他人生的一个污点。在笛福遭受惩罚的地点四周，很多他的崇拜者都在观看，很多人都向他这边扔来了鲜花，而不是像对待传统意义上的犯人那样扔来垃圾。很多人都为能够见到笛福，而喝下了一大杯的麦芽酒。很多民众都非常喜欢笛福所创作的那些诗句，同时为他敢于挑战政府权威而感到由衷的敬佩。

随着笛福适时地出版了《颈枷颂》（*Hymn to the Pillory*）这本宣传册之后，民众的热情被激发起来了。在这本宣传册里，笛福大胆地宣布他所遭受的刑罚是完全不公正的，并且指出政府应该在量刑方面做得更为恰当。笛福表示，无神论者应该站出来，那些放荡的花花公子、欺骗成性的股票经纪人、那些狂热的詹姆斯党人、那些给英格兰

① 蒲柏（Alexander Pope，1688—1744），18世纪英国最伟大的诗人。蒲柏是第一位受到欧洲大陆关注的英国诗人，他的著作被翻译成欧洲许多国家的文字。他是启蒙运动时期古典主义的代表，他的作品可分为田园诗、讽刺诗、哲理诗及翻译作品四大类。代表作：《夺发记》《群愚史诗》《人论》等。

舰队带来耻辱的指挥官们，都应该站出来。在笛福看来，他唯一的错误，就在于世人不理解他的良苦用心。不过话又说回来，笛福愚蠢地认为民众会将他表达的观点当成一种讽刺，因此他遭受这样的惩罚，也算是对他这种愚蠢想法的一种惩罚吧。看来，虽然政府将笛福关在纽盖特监狱里，但是，他们在面对民众强烈支持笛福的舆论浪潮时，也不敢将笛福当成一名普通的监狱犯来看待。在监狱里，笛福不仅有创作的自由，而且他还找到一些将自己的手稿拿给印刷工人予以出版的渠道。笛福也充分利用了这样的渠道，凭借着不可动摇的意志与丰富的创作才华，我们可以找到笛福在人生每个阶段里活得精彩的原因。特别是在笛福身处逆境的时候，他所表现出来的坚毅品质，是值得我们敬佩的。在他遭到逮捕与定罪这段简短的时间里，他就用自己的双手创作了很多文章，与政府进行着一场激烈的战斗——一方面，他想办法安抚政府内部的那些强硬人士；另一方面，他努力地争取普通民众的支持。笛福希望向政府表明，在他创作的所有作品里，都只是在表达一种谦虚适度的观点，并没有表达一些过激的观点。除此之外，笛福表示自己对《新联合》这本宣传册里提出的原则性建议，并没有任何反感的地方。笛福出版了《〈真正的英格兰人〉这本册子的作者全集文章》（ *Collection of the Writings of the Author of the True-Born Englishman* ），向大众证明了他持有相同的观点。但是，笛福同时创作了宣传册《更多的改革，关于讽刺自己》（ *More Reformation, a Satire on Himself* ），希望能够激发大众对他的怜悯之心。在这本宣传册里，笛福抱怨自己的愚蠢，表示自己不应该处心积虑地给政府带来公众压力，不应该为了个人的利益而做出错误的选择。尽管笛福做出了这样的妥协，最后他还是被定罪了。因此，笛福对政府表现出了更加强硬的态度。他创作了《颈枷颂》这本宣传册。在笛福遭受颈枷刑罚的时候，很多围观的人都在阅读着笛福的这本宣传册。

他就像一个象形文字创作出来的机器，
目的是要惩罚任何幻想。

"过来吧！"笛福在最后的结语里大声疾呼：

告诉 M，让他沦落到这个下场的，
Sc 会一直存在吗？
他们会对他被定罪感到茫然无措，
因为他没有犯下任何罪过。

"M"所指的是人类，而"Sc"所指的是丑闻。笛福为使用这种单词缩写的古怪方式而感到高兴。事实上，这样的使用方法，在笛福那个时代是比较普遍的，虽然我们现在并不会这样使用了。

笛福在《颈枷颂》这本宣传册里表现出无所畏惧的勇气，需要以恰当的方式去进行评价。因为，我们需要记住一点，当时的暴徒喜欢表现出野蛮人习惯性的愤怒情感，因此笛福表现出来的情感，是这些人非常乐意见到的。在遭受了颈枷刑罚之后，笛福被带回到了纽盖特监狱，一直关到女王陛下对他消气为止。对于笛福这样一位有着勇敢秉性的人来说，被关在纽盖特监狱里的遭遇，并不怎么让他感到难受。笛福并不是那种不愿意与小偷、强盗、伪币制造商或是海盗关在一起的人。相比于对这些人的厌恶之情，他对这些人表现出了更加强烈的好奇心。对笛福来说，纽盖特这座监狱有着某种特殊的魅力，就好比即便是在一间充满着各种可怕疾病的医院里，我们都能够找到一位热心的医生。笛福聆听这些狱友讲述他们充满传奇的冒险经历，度过了很多愉悦的时光。除此之外，政府也不敢剥夺笛福在监狱里进行写作与出版的权利。笛福所拥有的这种特权，让他能够在监狱里仍然发表文章，影响着外面的大众。笛福因言获罪的结果，是让他在公众心目中，成为一个具有品格的殉道者，因此，大众读者都想要聆听这位天性乐观的人，在监狱里所遭受到的各种痛苦感受。笛福将自己在提伯利的波形瓦砖厂的失败，归结为自己没有亲自进行管理。但是，我们应该记住一点，就是在笛福获得自由之后，亲自负责管理这座砖厂时他所取得的成功。因此，我们可以说，笛福并不应该为找寻这样的理由而感到遗憾。笛福在监狱里仍然能够如鱼得水的状况，绝对不是那些迫害他的高教会派人士所乐意看到的。笛福本人就曾大声地抱怨，他从国王身边的红人到被关在监狱里，只有短短几个月的间隔。不过，总的来说，笛福在纽盖特监狱里的生活还是快乐的，这与他在白厅生活时的感觉是没有什么区别的。笛福的妻子与六个孩子得到了公众极大的同情，笛福家人所遭受的困境，也得到了很多人的帮助。

在创作了《颈枷颂》这本宣传册之后，笛福再次运用手上的笔杆子，发表了抨击那些为践行间或偶奉国教行为正名的非国教牧师。笛福不止一次表示，他与那些极端的非国教派人士没有任何关系，因为这些极端的非国教派人士正在努力地反对他们所信仰的宗教，因此这些人是不应该得到公众的信任的。不过，当官廷内的党派势力格局发生改变的时候，笛福很快就找到了一个与另一个极端教派脱离关系的理由。在温和的托利党人马尔伯勒、戈多芬①以及他们那些重要的同盟

---

① 戈多芬（Sidney Godolphin, 1st Earl of Godolphin，1645—1712），17 世纪末和 18 世纪初的英国主要政治家。在获得第一任财政部长之前，他是北方部的枢密院长和国务大臣。

者，包括公爵夫人等人的帮助下，女王陛下逐渐对激进的托利党人失去了信任。按照斯威夫特的说法，女王陛下从登基之后，就开始厌恶她之前那位知心朋友弗里曼女士。虽然，女王陛下在身边这些亲信的束缚下，可能有些受到掣肘，但她还是不能立即从那种专制的意志所带来的束缚中挣脱出来。公爵夫人认为，激进的托利党人更加喜欢战争，而她丈夫的荣誉与利益都与此有着密切的联系，因此，她坚定地站在反对激进托利党人的立场上，运用各种手段去瓦解这些人在宫廷内的势力。她不断地向女王陛下灌输这样的思想，让她觉得为了更好地解决英格兰所面临的外部问题，首先就要保持国内的和平与统一。两党的温和派人士肯定会坚定地站在女王陛下身旁。双方的激进派势力必须要遭到打压。为此，政府派出了很多间谍，这些间谍记录下了诸如"一个脾气暴躁且愤怒的人"等字眼，而被做出这样评价的人，都会被视为对女王不利的人。安妮女王是一个缺乏坚韧精神的孱弱之人，但她最后还是深信有必要这样去做。她最终还是对那些蛮横无理的党派斗争感到愤怒，因此高教派在宫廷内的势力受到了打压。

根据斯威夫特的说法，没有谁比女王陛下能更好地掩藏起自己真实的情感。高教派第一次隐约感觉到女王陛下立场的转变，是在女王陛下于 1703 年 11 月 9 日国会的开会演说中。在这篇演说里，女王陛下用恳切的言辞表示，希望国会两党能够避免任何毫无必要的斗争以及可能出现的分裂。笛福敏锐的政治嗅觉立即感受到了政治风向的转变，并且马上投身其中。不管笛福是否将自己遭到迫害与监禁的原因归结为时任国务卿的诺丁汉公爵的迫害的想法是否慢慢消失，还是笛福从他那些辉格党的朋友那里得到暗示，我们无从得知。但是，笛福立即抓住时机，在监狱里创作了针对高教派的宣传册。在他所创作的《和平的挑战，致全国民众书》（ *Challenge of Peace, Addressed to the*

*Whole Nation*）里，笛福将这些高教派人士贬低为那些贪婪的教堂秃鹰，而那些教会的牧师则是鹰身女妖。在这本宣传册里，笛福表示，真正造成内斗与分裂的原因，正是这股高教派势力，而不是那些非国教徒。笛福表示，只有清除这些高教派势力，英格兰国内才能实现和平与统一。

首先，萨谢弗雷尔那面反抗的血色大旗，并不能让我们走向和平与统一的道路。消灭非国教徒的捷径，也并不是实现统一的捷径。进行政治迫害，违背法律原则，限制公民自由，或是强迫别人改变宗教信仰，这些都不是通向统一的途径。而实现英格兰国内的和平与统一，这是女王陛下一再强调要实现的目标。

其次，废除或是修改过去的《宗教宽容法》，并不能给整个社会带来想象中那么多的幸福。但是，倘若我们重新恢复这部法律，就会让一个教会对另一个教会进行劫掠，并且将另一个教会逐出英格兰，剥夺这些教会的特权。这就恢复了之前那些国王统治时期的镇压与残暴。要是以这样的方式去做，是绝对不可能实现国内的和平与统一的。而实现国内的和平与统一，是每一个正直之人都想要实现的目标。

新联系协会及他们提出的建议，就是要让每个人都能够获得保持不同思想自由的权利，同时剥夺那些非国教徒在选举国会议员的选举权。这样做绝对不是实现国家和平与统一的方法。

充斥着抱怨指责的宣传册，对我们那些遭受压迫的同胞进行丑化，将他们描绘成穿着熊皮的狗在大街上行走，然后引诱他们的反抗，这绝对不是实现国内和平与统一的方式。

充斥着抱怨指责的布道演说，激发民众对他们的同胞的仇恨与鄙视情感，只是因为这些人与他们有着不同的观点或是宗教信仰，这绝对不是实现国内和平与统一的方式。

除非那些非国教徒能够遵循英格兰国教仪式，否则就要让这些人失业，让他们无法为女王陛下与整个国家贡献自己的力量，这绝对不是实现国内和平与统一的方式。

毫无根据地指责国会投票通过的继承权决议，想要恢复已故詹姆斯国王被废除的名号以及他那些后代的继承权，这对于国内实现和平与统一是毫无帮助的。

违背间或偶奉国教的法律，要求那些想要担任公职的人完全遵守这部法律，同时强迫他们以此作为担任公职的前提条件，这对于实现国内和平与统一是毫无裨益的。


在这段话里，笛福似乎更多地将他与那些非国教徒的兄弟们联系起来了，而不是像之前那样似乎疏远他们。对笛福来说，这是不容易做到的。因为在他之前公开出版的文章表现出来的观点，都是反对间或偶奉国教的行为，并且表示非国教徒应该将地方长官的职位留给教会人士。因此，笛福既想要亮出自己全新的立场，同时又不被其他人说是前后矛盾，这是比较难做到的。当然，针对笛福这种自相矛盾的指责是每个人都可以做出的，因为要是将笛福的文章收集起来阅读，我们就可以发现这些文章的观点就是前后矛盾的。但是，笛福勇敢地面对任何人的指责。在笛福看来，非国教徒不应该践行间或偶奉国教法，但是如果他们能够在宗教信仰与自身良知之间达成妥协，那么他们就不应该因为这样做而遭到任何临时性的惩罚。在笛福看来，非国教徒不应该担任地方长官的职位，但若是将非国教徒排除在担任这些职位的资格之外，则又是一种迫害的行为。在笛福所创作的很多思想深刻且具有讽刺性的宣传册里，他始终坚持着这些观点。与此同时，他怀着无所畏惧的勇气，用最激烈的口吻攻击那些指责他之前创作作品的人。笛福会选择忽视他之前所表达出来的观点，而要毫无保留地亮明自己的立场，即《间或偶奉国教法》违背了《宗教宽容法》。笛福的《消灭非国教徒的捷径》与汉弗莱·麦克沃思①的《国内的和平》（*Peace at Home*）这两本宣传册，在思想观点方面其实并没有什么明显的差别。但是，笛福用激烈的语言攻击麦克沃思的这本宣传册，这表明几乎在所有国家里，非国教徒都开始意识到，他们在国家事务中是应该占据一席之地的。与此同时，笛福从未偏离他那"温和"的观点。他始终认为，非国教徒应该在国家事务中占据一席之地。要是高教会派的势力遭到清洗，温和派人士成为女王陛下的幕僚，那么非国教派人士就完全有感到满意的理由。他们会默认这样的政府部门及由低教会派人士担任地方长官。

笛福对高教派托利党人的攻击，既没有受到政府的封锁，又没有遭到政府的报复，虽然当时的笛福身处监狱，任由这些人的宰割。在1703年到1704年的整个冬天，虽然政府部门内部那些激进的人士在下议院里占据多数席位，但是他们都感到女王陛下对他们的态度越来越冷淡了。他们之前在女王陛下心中的崇高地位已经大不如前，他们想要继续控制国会，从而获得一种独立的想法变得越来越强烈，这也让女王陛下对他们的戒备心越来越强烈，这让他们双方之间的裂痕越来越大。最后，这场危机终于爆发了。诺丁汉公爵采取了铤而走险的一步，表示除非萨默塞特公爵与德文郡公爵从内阁人员名单中消失，否则他就要辞职。让诺丁汉公爵感到惊讶与不解的是，他的辞呈竟然

---

① 汉弗莱·麦克沃思（Sir Humphrey Mackworth，1657—1727），英国工业家和政治家。他在18世纪初参与了商业丑闻，并且是促进基督教知识协会的创始成员。

被女王陛下接受了（此时是 1704 年）。与此同时，与诺丁汉公爵同属一个党派的另外两个人也遭到了解职。

接替诺丁汉公爵的人选是罗伯特·哈利 ①，之后他成为牛津与莫蒂默地区的伯爵。在他的晚年，他表现出了对文学的热爱，因为他将这个时期的文稿都收录起来，编辑成《哈利文集》。从斯威夫特的记载里，我们可以知道，哈利公爵深知在新闻界内拥有盟友是一件多么重要的事情。他是在 1704 年 5 月顶替诺丁汉公爵担任国务大臣。上任之后，他采取的第一个举动，就是给笛福传递这样的信息："请问问他，我能够为他做点什么。"笛福在回复里，将自己比喻成寓言故事里的那些盲人，并且对哈利公爵的话进行了一番释义："公爵，我想要获得我的视力。"不过，笛福无法立即获得自由。但是，通过哈利施加的影响，笛福还是在这一年的 7 月底或是 8 月初被释放了。笛福后来说："女王陛下还专门询问过他的遭遇与家庭生活状况，并且要求财政部长戈多芬给他的妻子与家人送去了一笔金额可观的钱，另外还让戈多芬拿出一笔钱，为笛福偿还罚金，又给了他一笔补偿费用。"

那么笛福是在什么条件下被释放的呢？根据笛福在出狱后立即创作的《〈真正的英格兰人〉这本册子的作者的挽歌》（*Elegy on the Author of the True-Born Englishman*）的作品里，我们可以知道，笛福需要在接下来的七年内保持沉默，或是至少"不去创作某些人不喜欢读到的文章"。对公众来说，笛福就代表着殉道者的形象，认为政府是在迫不得已的情况下才释放他的，并且不允许笛福像之前那样发表攻击

---

① 罗伯特·哈利（Robert Harley, 1st Earl of Oxford and Earl Mortimer，1661—1724），英国后期斯图尔特和早期格鲁吉亚时期的政治家。在开始任职于新保守党部门之前，他的职业生涯始于辉格党。他于 1711 年被提升为英国贵族的伯爵。在 1711 年至 1714 年间，他担任高级财政部长。

性文章，否则就要遭受严重的刑罚。

我站在这里，

紧闭着双唇，却可以挥动双手，

就像一个走进阴影里的诗人。

但是，我的舌头被封住了，无法说话。

这是遭受迫害的宪政，

也是为合法的专制政权做出的牺牲。

"先生们，"笛福曾用幽默的口吻对他的敌人说，"耻辱并不能击倒
一个人。请记得将你们讽刺政府的文章寄给我。因为在接下来的七年
里，这位真正的英格兰人都不能再继续进行创作了。"

在长达七年的时间里，我要保持沉默，

也许到那个时候，我会忘记了如何说话。

笛福的这篇挽歌被允许出版，作为他最后的演说与最后的坦白：

当作恶者临死的时候，

他们会获得不同寻常的自由：

言论自由不分你我，

他们会让他们尽情地说，

因为这是他们最后一次说话。

公众很难从笛福在这些文章中推测出来，笛福在离开监狱之后，

很快就进入了政府部门工作。笛福获得了政府的任命，也就是说笛福会得到女王所给予的薪水，进入情报部门里工作。当后来有人问他这是否是哈利公爵的指示时，笛福对此表示否认，但他承认存在着某些"投降协议"，这是他为了写作的自由而制定的。在他看来，这只能是源于他对那些帮助他的人的一种感激之情。我们完全有理由相信，即便是这样，这也不是全部的事实真相。威廉·李最近收集到的文件，不禁让我们对笛福是否一直与辉格党领袖保持着私下关系持怀疑态度。关于这个问题，我们永远都无法得到真正的答案了。那位真正的英格兰人已经死了。那位当年在威廉三世身边直言进谏的笛福已经不见了。之后，他服务过两位君主，每一次都说服自己只为国王服务，并且试图说服公众，虽然很多人影射他的为人，但他从来都是服务于大众与自己，而不是任何其他人。之后，笛福作为自由作家，在政府可以容忍的限度内进行一些创作。

关于笛福所创作的最伟大政治文章，我必须要用单独一个章节来进行阐述。这些文章是笛福被关在纽盖特监狱期间所创作的。笛福在同一时期所创作与出版的另一部作品，同样值得我们从不同的立场给予关注。笛福对发生在 1703 年 11 月的那一场政治风暴的记录《那场在海洋与大地上最可怕的风暴所带来的巨大灾难与伤害》（*A Collection of the Most Remarkable Casualties and Disasters which Happened in the Late Dreadful Tempest, both by Sea and Land*），可以说是笛福首次创作的这种类型的作品。笛福在这本书里进行了最为细致与详尽的描述，里面包括了很多见证了这场政治风暴带来直接影响的当事人的信件。当时身在纽盖特监狱里的笛福，可能没有亲身感受到这场政治风暴，但是这里面收录的信件是极为真实的。笛福将其他方面的细节收录起来进行出版。不管怎么说，我们都可以认为，笛福对这场政治风暴的记录，与他的《瘟疫年纪事》①或是《一个骑士的回忆录》②一样，具有真实的历史性。当然，书中所记录的很多事情，都要归功于他所拥有的强大想象力。

①《瘟疫年纪事》(*Journal of the Plague*)，是丹尼尔·笛福于 1722 年 3 月出版的小说。这部小说描述在 1665 年身处大瘟疫袭击的伦敦城。这本书大致按时间顺序叙事，但没有分篇章或也没有章节标题。虽然看来是在事件发生的几年后所写，本书实际上是在实际出版的数年之前所写作，本书于 1722 年 3 月第一次出版。笛福在 1665 年时只有 5 岁，而这本书出版时作者的名称缩写为"H. F."，这本小说很可能是基于笛福的叔叔，亨利·笛福当时所留下的记录。书中，笛福不厌其烦、巨细靡遗地描述具体的社区、街道，甚至是哪几间房屋发生瘟疫，以达到效果逼真。此外，它提供了伤亡数字表，并讨论各种不同记载、逸事的可信度。本书往往被跟瘟疫当代的记载相比较，尤其是塞缪尔·佩皮斯的日记。笛福的记述虽然是虚构的，但比起佩皮斯的第一人称叙事，更为详细和系统。

②《一个骑士的回忆录》(*Memoirs of a Cavalier*)，是丹尼尔·笛福于 1720年出版的小说，描述 30 年战争和英国内战的历史小说。

# 第四章
# 关于法国事务的评论

❧

对于笛福这样一位身在纽盖特监狱里的犯人来说，想要创办一份完全由自己主笔的报纸，从而"清除市面上有失偏颇的报道以及各种专注于政治斗争的内容"，这的确是一个大胆的想法。当然，笛福所创作的《评论》，无论是从其版面或是内容层面来看，都是无法与当代的报纸相提并论的。在《评论》的第一阶段，就是只有八张四开的纸张。出版了两期之后，被缩减为四页。但是，笛福使用了更小的字体，因此里面所讲述的内容与之前八张纸体量的时候，在文字量方面大体持平——这些内容的篇幅大约与当代两篇头条文章差不多。首先，这份报纸是每周出版一次的，在出版了四期之后，变成了双周出版，这样的情形一直持续了一年时间。

就《评论》的特点来看，我们很难找到与此类似的其他报纸。在那个时候，这份报纸与之前的任何报纸相比，在内容与形式方面都是完全不同的。在之前出版的报纸当中，与之最为接近的要数《观察家》①了，这是一份由性情古怪的约翰·图钦所创作的单周期刊报纸，

---

① 《观察家》（ *The Observator* ），1702 年由英国辉格党人、记者约翰·图钦创办的政治类报纸。

这份报纸主要谈论政治以及社会方面的事情，并且主要是以对话的形式展现出来的。当时《观察家》的一大特色，就是大篇幅地讨论与个人丑闻相关的内容。不过，在笛福眼里，通过报纸来传播这样的个人丑闻，是毫无意义的，因此他对此不是很感兴趣。正如笛福所说的，他知道大众读者有想要从阅读中感受到乐趣的需求。他也在这份报纸里专门开辟了一个栏目《丑闻俱乐部》，或者称为《来自丑闻俱乐部的建议》，这个栏目专门讲述过去一周里发生的各种荒唐、淫乱、丑陋与堕落的行为。在这个充满吸引力的题目下，笛福主要关注当代丑闻，并且会对一些丑闻人物进行一番批判。因此，这位真正的英格兰人因为报道了很多丑闻，引发了很多人对他的诉讼。笛福正是通过这个栏目，去将当时的新闻报纸，包括《邮差报纸》《伦敦邮报》《飞邮报纸》以及《每日新闻报》等报纸存在的错误解析出来。因为，身在监狱里的笛福，在了解时事方面根本不具备任何优势，因此他无法假装在这方面比身在监狱外面的人了解更多的信息。笛福主要揭露的错误，是在地理与历史学方面的。笛福开办的《丑闻俱乐部》这个栏目，主要是用来吸引读者茶余饭后关注的目光。随着时间的流逝，这个栏目所展现出来的那种矫揉造作的愉快感，慢慢让人感到索然无味。正是因为《评论》报纸上那些严肃版块的内容，笛福才真正展现出其个人的才华。笛福这样做，无非就是想要将真实的画面展现出来，希望能够通过自己手上的笔，将"公正准确的历史知识传递出来"，将发生在欧洲各国国内的事情以及外交方面的事情表达出来。笛福认为，在这样一个充满骚动的时代里，英格兰人非常有必要了解欧洲各国的国力以及政治方面的利益。笛福无法告诉他的读者每一条新闻背后到底发生了什么具体的事情，但他能够向他们解释欧洲大陆各国采取各种政策背后的原因。笛福能够告诉他的读者，现在欧洲各国所采取的政策，是如何受到过去的历史以及现在国家利益影响的。笛福懂得如何去衡量这些国家目前所掌握的资源与力量，知道某些国家与其他国家结盟到底是出于什么利益上的考量。笛福希望他的读者对目前欧洲大陆这盘棋局上各位选手的表现充满兴趣。事实上，正如笛福在阐述个人的目标时所说的，他想要通过《评论》这份报纸，不断地将之前的历史阐述出来，让读者首先了解过去的世界，然后再根据过去的历史，去评判未来的历史走向。

笛福这个想要教育大众读者的卓越计划，被他以无与伦比的文学才华以及充满个性的文字风格完美地执行了。笛福对自己要谈论的主题了如指掌，他阅读了手头上的每一本历史书，他当年与威廉三世的接触，让他能够亲身感受到采取一种政治举措背后的主要原因。正是这样的经历与学习，让他心中对英格兰的外交政策走向有了一个明确的了解。了解如此之多的事实以及对如此错综复杂的政治利益进行条分缕析，这肯定会让一般人感到困惑，感觉自己走入了一个无法走出去的迷宫，但是笛福能够用老到而又充满活力的自在方式，轻易地进行剖析与预判。笛福掌握了许多吸引读者持续关注的艺术手法。当他被关在纽盖特监狱的时候，从第一期《评论》杂志在 1704 年 2 月 19 日出版开始，笛福就从来没有浪费自己所拥有的坚定决心以及自信的能力。在他所创作的《法国事务的评论》（*Review of the Affairs of France*）的文章里，笛福就深刻披露解析出法国的历史发展，妥善应用了大量看似自相矛盾的悖论来论证观点，并揭露客观存在的深刻历史教训。渐渐地，笛福似乎偏离了原先的主题，谈起了瑞典与波兰方面的事，并且不断谈论着有关匈牙利这个国家的历史。读者经常会这样发问："谈论这些国家的历史，与当前的法国事务有什么关系吗？"笛福用反驳的口吻说："你们对我的了解是多么肤浅啊！你们可以耐心地等待我完成这部作品，之后，你们就会明白，无论我在前面谈论的某些内容看起来多么偏离了原先的主题，事实上我始终都严格遵循着自己想要谈论的主题在环环相扣地论证。在屋顶尚未铺好之前，千万不要像你们评判圣保罗那样去评判我。你们要明白，我真正想要解释的事情，并不是发生在法国内部的事情，因为法国的事务其实就是欧洲的事务。法国目前所拥有的财富是如此庞大，他们的国力是那么强大，他们的军队是那么强大，因此他们的君主在整个欧洲大陆上都是最具权势的人，他们会为了推动自身的发展并获取利益，而不惜牺牲其他国家的利益。"

笛福喜欢使用一些看似最不入流的语言去表现一种自相矛盾的悖论，从而勇敢地面对世人的偏见。当我们与法国处于战争状态时，那么一般的政客为了获得民众的欢心，就会想尽一切办法去炫耀民族的自尊心。笛福勇敢地亮明自己的态度，即希望能够将法国民族的强大，将他们庞大的军队以及他们富足的国库，还有他们政府强有力的执行能力展示出来，从而消除那种毫无意义的过度自尊心。笛福大声地嘲笑那些假装宣称我们可以会不费吹灰之力就可以击败法国的作者，表示他们在报纸上发表的文章造成的错误舆论导向，最终会让我们的国家面临贫穷与人口减少的灾难性后果。"想象一下法国皇帝所能建立起来的庞大军队吧，"笛福大声疾呼，"想象一下法国皇帝可以从西班牙国王那里得到的增援部队与预备役部队的庞大数量吧！难道法国是一个人口稀少且国库空虚的国家吗？"也许，这是一个让人感到忧郁的事实，但谁需要为说出这样的事实而去道歉呢？当然，一些人出于爱国之心而出面反对他。很多人将笛福说成是法国人派来的内奸，说他是詹姆斯二世党人，是鸽派的雇佣兵。当然，这是喜欢阐述悖论的笛福想要获得的机会。他大声疾呼，他并不是想要夸大法国的实力去吓唬英格兰人。笛福表示:"有两个错误的想法会给我们带来同等严重的伤害。第一个想法是恐吓我们,第二个想法就是让我们处在一种安逸的状态,认为我们的国家万事无忧。对我们来说,无论是出于恐惧心理而感到绝望,还是因为我们的敌人比我们强大而处于一种遭受欺凌的状态,这都与我们过度自负而认为我们国家是最为强大的想法有关,这两种想法都是同等危险的。"要是我们因为笛福指出了法国这个国家的强大而责备他,就好比古罗马人在首都杀死一只鹅,只是为了让其他鹅都不敢睡觉一样愚蠢。"如果说我就像一只信仰新教的诚实的鹅,在一旁大声地咯咯叫,宣扬着法国国库的充裕与军队的强大,那么法国就有理由割断我的喉咙。但是,对于我国国民来说,我只是告诉他们将要面临的危险,我努力地想要将他们从睡梦中唤醒,但是他们反而因为我及时地叫醒了他们,而对我怨声载道。"

如果翻开《评论》的第一卷,或是随意地翻看其中任何一卷的内容,我们几乎都肯定会读到一些让人震惊的自相矛盾的悖论。笛福之所以故意使用如此之多的悖论创作方法,就是希望能够唤醒那些内心麻木的读者。在其中一卷的内容里,我们可以发现,笛福始终保持着勇敢与敏锐的内心,因为他赞美了法国国内"独裁的权力所带来的积极影响"。接着,笛福继续就这个主题展开,列举了很多发挥了积极影响的事实,直到他那些追求自由的读者失去了继续阅读的耐心。接着,笛福似乎用讽刺般的微笑,解释说他认为这样做只是为了有助于维护君主制度,而不是有助于民众。"如果任何人问我,独裁者能够给民众带来什么好处的话,我会回答存在两方面的好处,一方面是贫穷,另一方面就是征服。"但是,对于一位野心勃勃的君主来说,不受限制的权力是一种必需品。除非他能够控制自身的意志,否则如果他发动侵略或是征服战争,他肯定会遭到失败。

"当一位亲王必须要想办法去赢得臣民的欢心，从而让他有权力去征募军队。而在这个目标完成之后，他们就需要告诉他，他必须要解散这些军队。如果他想要金钱，他必须要将这个国家各个地方的代表聚集起来，不仅要好言好语地向他们解释这些金钱是用来做什么的，而且在他想要更多金钱时，还要解释清楚这些金钱会用在什么地方。在这样的政治体制下，民众当然会感到高兴，他们也会觉得自己的财产与个人权利得到了安全的保证。但如果我是枢密院①的成员，我就会建议，这位亲王必须要满足于自己在这个政府内的位置，绝对不要整天想着去侵略他的邻国或是增强个人对领地的控制能力，因为民众具有控制他的权力，有权力去改变政体，因为即便是他们，也要遵守所有人都要遵守的法律。要是没有国会的批准，那么他们也是无法获得一分钱的。在这种政体下生活的民众，是绝对不会为了所谓的君主荣耀而去发动对外战争的，从而让自己的口袋空空如也。"

笛福所描述的这种荣耀"是那种魔鬼贴在野心表面的金箔，只是为了在世人面前赋予其闪闪发光的华丽外表"。

笛福深知他所创作的《消灭非国教徒的捷径》这本宣传册引发很多非国教徒的不满的原因，但他对此的了解，并没有让他不去这样做，反而让他通过继续创作类似的文章去激怒那些高教派托利党人。在面对他的这些同胞时，笛福并没有展现出仁慈的心灵，而是想办法通过展现个人的幽默感与孩童般的笑容，作为最危险的武器去应对他们。因此，我们可以在笛福创作的关于赞美路易十四的赞歌里，发现

---

① 枢密院（Privy Council），英国君主的咨询机构，具有一定的司法和行政权力，枢密院的其中一个委员会，更掌握了向君主就重要机要提供意见的权力，那就是英国内阁。

他特别赞美其废除了《南特赦令》①的做法。在笛福看来，正是因为颁布了驱逐新教的法令，路易十四才让法国变得贫穷起来，人口随之急剧减少。但是，"这是一位法国国王在政治领域内所能做的最重要的事情了"。"我认为，在此就这件事情的真实性进行争论是合适的，"笛福说，"不过，当他的做法伤害了这个国家的众多人口之后，他是绝对不敢对欧洲其他国家发动一场侵略战争的。"笛福并不想要通过轻描淡写地描述他与同一教派人士的相同点，从而减轻他们所感到的震惊程度。在英格兰外交政策的两个重要方面上，笛福始终与他们保持着相反的观点。虽然同盟国在四面八方都在与法国作对，但瑞典国王出于自身的考量，发动了一场针对波兰的战争，宣称要将一位信仰新教的亲王放到波兰皇位的宝座上。英格兰国内那些激进的新教徒也倾向于认为，卡尔十二世②国王正在波兰发动着一场违背上帝意愿的战争。但是，笛福强烈反对当时所有新教徒认为应该摧毁法国势力的想法。当卡尔十二世国王拒绝加入同盟国的时候，与他作战的信奉天主教的亲王则是一个潜在的追随者，是一位希望信奉新教的国家都能联合起来，坚持将自己视为法国国内的务实盟友的人，他表示希望英格兰

①《南特赦令》(*Edict of Nantes*)，又称为南特诏令、南特诏书、南特诏谕，法国国王亨利四世在 1598 年 4 月 13 日签署颁布的一条敕令。这条敕令承认了法国国内结盟宗（又称胡格诺派、雨格诺派）的信仰自由，并在法律上享有和公民同等的权利。而这条敕令也是世界近代史上第一份有关宗教宽容的敕令。不过，亨利四世之孙路易十四却在 1685 年颁布《枫丹白露敕令》，宣布基督新教为非法，南特敕令亦因此而被废除。

② 卡尔十二世（Karl Ⅻ, 1682—1718），瑞典在大北方战争时期的国王，终身未婚。他在位期间，因为过度从事的军事远征，导致先胜后败，输给俄国的彼得大帝，瑞典由北欧霸主衰退为二流国家。虽然伏尔泰赞扬他为军事天才与伟大英雄，但也有相反的评价认为他是疯狂的恶霸与嗜血的好战者；有的学者称其为"18 世纪初的小拿破仑"，表示他和拿破仑高度相似，都具有军事天才的能力与征俄失败的命运。

舰队能够驶入波罗的海，隔断他们的往来。笛福表示，新教内部的分裂，是法国得以强大起来的主要原因。如果瑞典国王本身不愿意加入同盟国的话，那么他也必须要这样做，或是至少不去弱化这个同盟。

笛福将匈牙利民众反抗他们国王的做法，视为一种为新教事业进行努力的活动。英格兰国内有一些人对于英格兰帮助匈牙利国王助纣为虐、残酷镇压那些新教民众的做法感到不满。他们对于自己的国家支持这种压迫的做法，在良心上有所顾虑。笛福完全清楚匈牙利民众这样做存在的错误，但他表示，这不是他们通过这种做法来予以修正的正确时刻。他不希望看到他们采取通过寻求土耳其人的帮助来反对他们国王的做法，以此来为自己正名。笛福始终认为，在这样的时刻，匈牙利人民不能通过寻求土耳其人的帮助去推翻他们的国王。"如果一个国家的民众选择与我们的敌人为伍，那么即便这是一个信奉新教的国家，并且他们的国民与我们是朋友，这也是不可以的。因为对我们来说，他们就是天主教徒、土耳其人与异教徒。""如果匈牙利的新教徒想让匈牙利的新教与欧洲大陆其他信奉新教信仰的国度发生冲突，那么我们更愿意在两害之中取其轻。"笛福始终以一种冷静的心态去看待每一个政治问题，总是能够站在一个能够揭示双方存在着不合理之处的角度。在塞文民众发动起义的事件里，其中一派人就表示，即便民众是遭到了国王的压迫，但是任何鼓励民众反抗的做法都是不合法的。关于这件事情，笛福曾经专门写过一篇文章，用许多事例去证明自己的观点，即近代历史所发生的一些事情，应该让我们明白一点，就是应该支持那些反对路易十四国王的人。在欧洲大陆的国家之间，一个传统的惯例是"帮助我们邻国的那些反抗者"。在另一篇文章里，笛福对这样做是否合乎法律以及是否为最合理的做法，做出了否定的回答，用轻蔑的口吻来否定那些恳求帮助塞文地区的反抗民众的请求。他在《如果法新教徒没有遭受解救，那么整个欧洲现在仍然处于被奴役状态》（*Europe Enslaved If the Camisars Are Not Relieved*）的文章里，就表示，"那些卑鄙可耻的少数人喜欢从战争这场消遣游戏中获得乐趣，这是多么荒诞的事情啊！""那些急于这样做的人，却根本不会告诉我们，他们到底想要怎样去做。"笛福接着说，然后用极为细致的策略去对此进行讨论，表示"我们不可能在目前的情况下，给予那些法新教徒任何形式的帮助"。

在《评论》的文章里，并没有谈到笛福从监狱里获得释放的事情。在笛福出狱前后，他都是每周准时出版一份报纸，无论是在文章的基调还是谈论的内容方面，都没有形成任何明显的差异。在笛福出狱后，高教派托利党人的势力垮台之前，笛福就勇敢地将自己的命运交托在那些温和派人士的手上。在哈利与戈多尔芬认识到笛福的支持所具有的价值，并且给予他自由与一些金钱的报酬之后，笛福并没有明显地与任何政治派别走得特别近。在《评论》的第一篇文章里，笛福就宣称自己不再隶属于任何政治党派，他表示会毫无保留地忠诚于真理及公共利益。他经常在文章里宣扬自己的这种独立性："我是一个不隶属于任何党派的人，"笛福不断地这样重复，"至少，我会坚持让这份报纸不会成为任何党派的喉舌。"在谈论法国事务的时候，笛福不止一次提到法国局势与英格兰本土的关系，但他始终用坚定的口吻表示，他只对服务这个国家感兴趣，而对服务于任何个人毫无兴趣。比方说，路易十四国王掌握绝对权力的事实，让他找到了指责女王陛下那个分裂内阁的机会。笛福在没有谈论法国政府专制形式的前提下，表示我们可以在现有的政治体制下，找到一种更高效的行政方法。当诺丁汉公爵遭到解职的时候，笛福公开表达自己的喜悦之情，这不是因为这位前国务卿曾经迫害过他，而是因为女王陛下的内阁终于能够达成一致的观点。笛福很自然地为马尔伯勒取得的成功而感到高兴。但在他《评论》中的文章以及《胜利颂》这两篇分别出版的文章里，以很得体的方式归功于新内阁。"女王陛下采取的措施，受到了新一届内阁成员的支持，并且以更为直接的方式指向了法国势力产生的根源，而不是像之前那样没有看清这一本质。我希望任何人都不要认为，我这样说是出于对威廉三世的追忆和眷恋。我深知，在削弱法国势力方面，女王陛下是不可能比已故的威廉三世更加迫切的。不过，如果事实真是如此的话，我要说，威廉三世在世的时候，身边幕僚做的工作很糟糕，并且经常背叛国王，经常犯下错误，造成灾难性的后果。从这方面来说，女王陛下要做得更好一些。我觉得，倘若有人有这样的想法，那么他肯定认为我现在对公共事务的了解，要比之前为威廉三世工作时更少一些。"不过，笛福发出这样的赞美，并不是对某个党派的赞美。这只是来自他这样对政府有所了解的人发出的诚挚赞美，这也代表着他想要遵守之前达成的协议，就是"不要去写某些人不喜欢读到的文章"。

　　笛福的文章读起来，似乎都是在针对他的同胞，因此他的文章每次发表，都会遭到很多人严厉的批评。他经常抱怨别人发出针对他的侮辱，或是对他说一些下流的话，认为这对他是极大的不公。当然，笛福的一些传记作者也以非常严肃的态度看待这些针对笛福的指责，并且表达他们对笛福这么好的一个人，竟然遭受如此之多的迫害而感到遗憾。但在很多时候，笛福都是有意挑衅他的对手，因而才遭到这样的攻击，然后他就可以抓住这样的机会进行有效的反击。因此，我们完全没有必要为笛福的遭遇感到遗憾，而应该为他善于与对手进行周旋而感到高兴。笛福所讽刺的对手，都是身处高位的人，因此他无法用善意去看待他们。但是，当笛福用冷静的口吻表示，他的这些对手都是傻瓜或是无赖的时候，对方就不那么容易去理解他背后的这份善意了。当我们看到笛福用谦卑的口吻，恳求他的对手能够原谅他在报纸与文章上表达的错误观点，表示希望"对方的那些绅士能够给他一个机会，让他可以去赞扬他们的仁慈、秉性以及绅士行为，表扬他们的学识与美德的时候"，并且表示"愿意向他们屈服，用善意的语言与他们进行交流"的时候，我们可能就会赞叹笛福在激怒他人方面所具有的天赋。因此，我们根本没有必要为笛福遭受那么多的指责而感到遗憾。

1705 年 2 月 17 日出版的《评论》报纸，是"这一卷最后的文章，宣告这项工作正式结束"。但在接下来的周二，这原本是每周出版《评论》报纸的日子，笛福出版了另一份报纸，里面的内容并没有提到"仁慈或是贫穷"。周六，另一份《评论》报纸出版了，这份报纸的内容是主要谈论一些社会问题，之前一些与他通信的读者一直敦促他讨论这方面的事情。接着在 2 月 27 日，周二，笛福在出版的《评论》报纸上，为自己经常改变想法向读者道歉。他在新版的《评论》卷首语里，稍稍改变了一下题目。笛福表示，他迟早会专门讨论他之前承诺过要讨论的关于法国强大的原因。但是，他在阐述的过程中却经常将讨论的主题转移到英格兰。他可能要在法国待上一段时间，因此这也在那个题目当中有所显示。这个题目就是《关于法国事务的评论以及关于英格兰事务的观察》(*A Review of the Affairs of France, with Observations on Affairs at Home*)。按照笛福的说法，他原本想要放弃这项工作，但一些人鼓励他坚持这样做，并且向他保证，如果他这样做，也不会遭受任何损失。接着，这份《评论》报纸一周出版三次。

# 第五章
# 和平与联合的倡导者

在出版第二卷《评论》的内容说明上,笛福告诉读者,这一卷主要谈论的话题将是与英格兰贸易相关的——这是一个非常庞大的主题,里面有很多分支话题,并且每个话题相互之间都存在着紧密的联系,与整个大英帝国的繁荣发展都存在着密切的联系。笛福说,看到英格兰这个国家存在着很多积弊,解决的办法却被掌权人视而不见,反而走向一种导致积弊日深的没落之路,这是让人感到遗憾的。在笛福看来,英格兰的商业贸易额正在不断下降,而这个领域原本是可以大有作为的。笛福清楚地看到,虽然英格兰的海军实力在不断增强,但在管理层面上做得非常糟糕。很多相互敌对的派系都在不断相互倾轧,各自为政,而他们原本应该通力协作,一起为英格兰海军的发展做出贡献。"任何事情都无法阻止他去曝光这些积弊,因为他深信一点——他有足够的能力去说服每一个英格兰人认识到这些弊病,当他这样做的时候,是没有带有半点个人的偏见与成见的,完全只是为了整个国家的福祉。在他看来,如果每个英格兰人都能够认识到这一点,那么即便是最大的积弊,也能够以最简单的方式去加以解决。上天已经赐给了英格兰和平的国内环境,有着稳定的政治制度、繁荣的商业贸易，还有一支强大的海军，我们就需要在教会与国家在行为方式方面进行一般性改革。"

笛福还是一如既往，提出了一系列明晰的解决办法。在这卷文章里，笛福承诺要提出解决英格兰商业领域内存在的问题的办法。但是，笛福在阐述的过程中，还是像以往那样，没能坚持系统而始终如一的论述。他用非常流畅的文笔谈论了当代的一些问题，接着他突然偏离了原先的主题，只是以间接的方式去谈论与商业贸易相关的事情。在1704年到1705年的国会开会典礼上，女王陛下就向国会议员提出了忠告，希望能够实现和平统一。但是，高教派的那些议员满脑子都是狂热的想法，因此根本不愿意聆听女王陛下的建议。此时，一些议员再次将《间或偶奉国教法》提到了国会进行审议，并且通过了这个法案，但是这次，上议院拒绝了这个法案。下议院坚持要求执行这个法案，他们为了确保这个法案得到通过，还在这个法案的基础之上附加了一个《供应法案》。上议院表示，除非这个附加法案能够撤销，否则就拒绝通过《金钱法案》。没过多久，这个国会——当时每一届国会的改选周期是三年——就遭到了解散。接下来，躁动的情况下进行全国大选。在这个时候，笛福放弃了之前谈论的商业贸易的话题，将他的《评论》报纸用于从事选举方面活动的事宜。

但是，在这场选举活动中，笛福并没有选择站在任何人的一边，至少他没有选择站在任何党派的一边。他选择站在和平与国家利益的这一边。"我始终关注着事态的发展，"笛福后来解释他当时所持的立场时说，"这场新的国会选举对整个国家具有重要意义，很多人都投身到了这场选举活动当中。每个政治派别的人都使用着各种方法，希望能够拉拢选民，激发选民内心的愤怒情绪，然后加以利用。他们所做的很多事情，似乎都是怀着强烈的仇恨心理去做的。我必须要承认，空气弥漫着那种强烈愤怒的党派情绪，让我对最终可能引发的后果产生了一种恐惧的心理。"各个政治党派所使用的方法，在他看来都是具有丑闻性质的。"在很多地方，一些最让人感到恐怖或是丑恶的行为，都被一个党派用在打压另一个党派之上。这些党派为了取得选举的胜利，不择手段地使用这种卑鄙或是肮脏的手段。他们进行着诸如贿赂、作伪证或是各种违背正义原则与行为准则的堕落行为，只是为了最终能够在选举中获得胜利。形形色色的暴力行为，都是某个党派为了赢得民众支持，实现选举胜利的目标而使用的。"简而言之，笛福看到了整个国家"径直地朝着混乱不堪的悬崖边上狂奔"。在这样的环境下，笛福对他接下来应该怎么去做，进行了一番认真的思考。最后，他得出了一个结论，就是他必须"立即投身到《评论》报纸的创作，用最能打动人心的文章，去劝诫、说服或是恳求民众能够擦亮双眼，让民众能够对什么才是和平，有着更为深入的了解"。

在宣布站在不偏不倚立场的名义之下，笛福发表了很多攻击高教派的强有力的文章。笛福说，为了实现和平，我们就有必要确定一点，即哪些人才是实现和平的最大敌人。从表面上来看，选举中最关键的问题，是非国教徒与那些受人尊重且享有特权的上层贵族之间的矛盾以及下议院在《金钱法案》这个问题上与上议院之间的矛盾。但是，民众必须要透过这样的表象看本质。"詹姆斯国王，法国日益膨胀的国力以及这些表面纷纷扰扰的事件背后，其实都不是最核心的问题。而教会与非国教徒之间的矛盾，只是政治领域内的一个套索，希望能够将各个党派都套住。"笛福所写的希望各方能够对实现和平进行研究的文章，对那些强行要求加入附加法案的人进行强有力的攻击，让那些人感到非常愤怒。笛福表示，他个人对这些人始终怀着最大的善意。虽然当他知道，这些人强行要求《金钱法案》附加在《间或偶奉国教法》的行为之后，无法找到最强有力的语言去谴责他们，因为这些人明知道这样做，会让上议院拒绝这个法案，但他们还是这样去做。他们这样做会让整个国家处于一种动荡的状态，让我们的军队无法获得充足的物资补给，这是极不负责任的做法。女王陛下在宣布解散国会的时候，将下议院这种强行附加另一个法案的做法，认定为一个充满危险性的实验。笛福将这种实验说成是"无论是阻挠《金钱法案》的通过，还是导致国会解散，让我们的同盟解体，还是为法国入侵我国敞开方便之门，这些可能都不是高教派那些人最想要实现的目标"。笛福没有使用一些下流的话语去描述那些强硬提交附加法案的人，但是"这些人的所作所为带来的后果，不管他们的动机是什么，毫无疑问会让法国人有机可乘，让他们有机会入侵英格兰，罢黜女王陛下，立威尔士王子为国王，然后废除新教，重新恢复天主教，废除《宗教宽容法案》，接着迫害那些非国教徒"。当然，那些强硬要求附加法案通过的人的本意，可能并不是要带来这样严重的后果。人非圣贤，孰能无过。笛福确信一点，如果他能够向这些人列举出他们所犯下的错误，他们就会悔改，然后改变之前的观点与立场。总而言之，他不能推荐这些人成为选举团成员。"那些强硬要求附加法案的人，肯定是一个容易冲动、头脑发热的人，这样的人有时会为了实现个人的目标，而根本不顾整个国家的利益与福祉。先生们，不动产所有者们，你们绝对不能选举这样的人，除非你想要毁掉我们来之不易的和平环境，想要分裂我们的国家，想要推翻目前的教会，想要让法国人入侵我们，想要废黜我们的女王陛下。"

从女王陛下4月份宣布解散国会，到这一年的年底，笛福始终都在通过各种方式，激烈地发表着自己的观点。这已经成为第二卷《评论》报纸的主要讨论话题了。这场选举受到了马尔伯勒的胜利以及笛福坚持不懈宣扬自己观点的影响，最后选举的结果是，高教派托利党人遭遇惨败，让他们在政府内部的势力遭到了进一步的削弱。因此，笛福也可以怀着愉悦的心情，来结束这一卷《评论》的撰写，为自己努力争取到的和平局面而感到高兴，同时也让他为自己在这场战斗中取得的胜利而感到骄傲。在这一卷的结语中，笛福承诺他将会在接下来的一卷里，重新回归到因为选举问题而遭到中断的贸易问题的讨论。在第三卷的《评论》文章里，笛福从一开始就在谈论这个问题。但是，他没有坚持很久，因为他再次被其他事情所打断。正如笛福所说的，这第二次的中断，原因与第一次的中断是非常类似的。因为政府部门委派笛福，要求他尽最大的努力去促进英格兰与苏格兰来改革王国之间的联盟方式。"我怀着同等的热情，"笛福说，"去做。我一开始想要追求的目标是实现和平。现在，我感觉自己在这条道路上走得越来越远了，我的意图是为了实现整个联盟的和平。如果我认为自己必须要为了实现公众利益，从而做出最大程度的努力去安抚那些愤怒的党派团体，我觉得自己非常有必要让这两个目前充满怒气的国家都团结在为实现同一个目标的旗帜下。"

在威廉三世统治末期，英格兰与苏格兰这两个王国的联合，已经变成了一个最紧迫与最重要的目标了。威廉三世在让英格兰国会同意解决汉诺威王朝问题时没有遇到什么困难，但威廉三世提出要担任苏格兰的国王，这个问题却遭到了苏格兰国会的冷漠回应。爱丁堡方面的政客们反对这样的安排，是在情理之中的，因为他们更想要属于自己的国王或是王室，但是他们最后认为，先将这个问题缓一缓，直到他们能够获得充分的商业贸易特权，从而弥补他们的财富大量流向英格兰所带来的损失。爱丁堡方面的政客们认为，在没有获得任何商业贸易特权方面的承诺之前，就绝对不去讨论这方面的事情，这也的确是他们的明智之举。苏格兰人认为，他们在光荣革命的时候已经失去了一次机会，因此他们下定决心，不能再失去另一次机会了。但是，大多数的苏格兰人却更加倾向于成为一个独立于英格兰的王国。在达连计划灾难①与格伦科大屠杀②之后，苏格兰人对英格兰人的仇恨达到了一个顶点。很多普通的苏格兰民众会认真聆听苏格兰那些政客们讽刺英格兰的演说，认为英格兰人想要得到他们的贪欲所妄图染指的一切。与此同时，苏格兰人发现，英格兰的一些政客同样发表着反对苏格兰的演说，并且同样有大量的支持者。对任何头脑冷静的政治家来说，没有比防止这两个国家爆发冲突更为严峻的使命了。在威廉三世临终的时候，他就一再敦促要与苏格兰达成联盟协议。在安妮女王统治的前期，他们始终都在一种持续的恐惧感中进行谈判，唯恐这样的谈判会让两国出现不可调和的裂痕，最终产生可怕的后果。

笛福表示，他就是在努力实现和平这个伟大的目标，希望能够让这两个充满着愤怒情绪的国家能够坐下来进行和解。在这个时期，笛福所创作的文章，基本上都是为了促成英格兰与苏格兰结成联盟而服务的。英格兰国会通过了一项协议，授权女王任命一位代表英格兰去进行谈判的专员，从而在她统治的第一年里，就与苏格兰方面就协议

①达连计划灾难（Darien Disaster），苏格兰曾试图在加勒比海的达连湾建立一个殖民地，为此募集了全国大部分的财富。但却遭到了英格兰的封锁与西班牙的进攻，使苏格兰几乎血本无归，建立殖民地的企图也以失败告终。

②格伦科大屠杀（Massacre of Glencoe），坎贝尔家族和麦当劳家族是当时苏格兰的两大名门望族，坎贝尔家族选择支持威廉三世，麦当劳家族则没有表态。坎贝尔家族前往麦当劳家族的格伦科领地做客，麦当劳家族没有防备他们，而是热情接待。坎贝尔家族的军队趁麦当劳家族熟睡之际，举起了屠刀。麦当劳家族40人死于非命，其余数百人逃到深山中，其中多数人因饥寒交迫而死。

的条款进行协商。但是，苏格兰方面在任命他们的谈判专员方面却遭遇了很大的困难，直到1706年春天，英格兰与苏格兰两国的谈判专员才第一次坐在一起进行谈判。当他们终于坐下来开始谈判的时候，他们发现彼此都怀着更合理与务实的态度来进行谈判，而不像之前在初期准备的时候那么剑拔弩张。不过，当这些政客们一起坐下来，从4月到7月一直进行磋商时，谈判室外面的愤怒气氛却慢慢出现了。在很多人开始公开对这样的谈判进行指摘，各种言论甚嚣尘上，不同人群之间的论战纷繁不已时，笛福以精力充沛的状态展现出和平使徒的形象，让自己的《评论》报纸犹如星火燎原，迅速扩大了社会影响力。笛福在说服苏格兰方面达成和平协议时，并没有采取他在反对野心家与强行推行附加法案的人时采取的方法。他在《评论》报纸上对这个问题的看法，充满着热情，可以说是实现和解艺术的楷模。在他的这份报纸上，笛福热情而勇敢地与双方的民族偏见思想进行斗争，证明了苏格兰长老会①并没有进行所谓的宗教迫害，为他们正名。与此同时，笛福努力地证明，英格兰根本不需要为达连湾远征舰队遭遇的惨败以及格伦科的屠杀负任何责任。笛福阐述了对两国在商业贸易上都有好处的事例。此时，很多激进的党派分子对笛福的攻击如雪片般飞过来，他们纷纷指责笛福是一个缺乏爱国精神的人，说笛福是一个总是为着苏格兰利益着想的人，而根本无视他的祖国英格兰的利益。但是，笛福没有理会这样的指责，始终以男人的气度面对着这一切，对每一个指责他的人都进行了反驳。可以说，在为追求和平事业进行

---

① 苏格兰长老会（Presbyterians），西方基督教新教加尔文宗的一个流派，源自16世纪的苏格兰改革。长老教会持守加尔文主义，尤其是苏格兰长老会基本完全延续着约翰·加尔文（John Calvin，1509—1564）及其学生的教义。20世纪，长老会对普世教会合一运动有相当多的参与。

斗争的过程中，很少有战士能够像笛福这样勇敢而又富有技巧。

笛福并不满足单纯将《评论》报纸视为一种追求和平事业的文学工具。他继续在英格兰首都伦敦与苏格兰首都爱丁堡进行这样的宣传攻势，通过爱丁堡出版社，出版宣传册专门回应苏格兰爱国者所提出的质问。他还出版了一首诗歌专门向苏格兰致敬，这首诗歌是《加勒多尼亚》。在这首诗歌中，笛福还用艺术的手法写了一段恭维苏格兰人的序言。笛福表示，这首诗歌只是向伟大的苏格兰人与这个国家表达自己的敬意，而根本与所谓的英格兰与苏格兰联盟没有任何关系。此时，笛福发现，当前最有效的办法，就是将爱丁堡视为自己发动宣传攻势的总部，虽然他仍然会在每周分三次给在伦敦的出版商寄去《评论》报纸上的文章。当谈判专员将联盟协议条款都草拟出来，并且在英格兰国会提交的时候，这场实现和平的谈判所遇到的障碍，仍然没有完全消除。因为，这个联盟协议还需要得到苏格兰国会的通过。而此时的苏格兰国会是派系林立，各派都想借这个事件来煽动民粹主义，而不是对谈判协议的条款逐一进行讨论。笛福在他的《评论》报纸以及《联盟的历史》中表示，他部分是出于好奇心，部分是出于为公众谋求福祉的强烈愿望，决定在爱丁堡进行这场"漫长、枯燥而充满风险的旅程"，最大限度地利用自己的影响力去推动这个协议的签署。这是一项充满冒险性的工作，因为当时的苏格兰首都爱丁堡的民众对这个联盟协议怀有很深的偏见，因此笛福是冒着被爱丁堡民众的口水淹没的风险前去那里的。在笛福所记录的一次骚动中，他的住所被民众包围。一段时间里，他处在非常危险的境地，"就像一个投弹兵置身于悬崖边上"。尽管如此，笛福仍然坚持创作宣传册，游说苏格兰国会议员。正是因为他对商业贸易方面的事情了如指掌，因此他"经常有机会能够去拜会苏格兰国会下属的各个委员会，与他们就一些涉及平等、关税以及禁令等方面的事情进行讨论"。即便是在英格兰与苏格兰两国的国会都同意了这个联盟协议，并且在 1707 年 5 月正式生效的时候[①]，关于其中一些细节的执行还是存在着不少障碍。因此，笛福只能延长在苏格兰生活的时间，居住了一整年。

在他这次苏格兰之旅中，笛福向世人宣布，他是以个人的身份，作为外交家的身份前去的，完全是出于追求和平的目的。当时，很多人对他此行的目的表示质疑，不过很多人都可以公开表达这样的质疑声音，无论是在这次旅程中，还是在之前的选举期间，多次前往英格兰西部与北部的时候，笛福都是以政府的中间人的身份前去的，而不是以间谍的身份。因此，笛福用非常气愤的口吻对这些指控进行了反驳，表示对他来说，受到那些"与他追求同一个事业，并且假装为了公众利益而进行创作"的作者们进行具有伤害性的恶意攻击，这让他感到极为难受。笛福在《联盟的历史》（*History of the Union*）一书里表示："事实上，我认为这些事情都是根本不值一提的，但是这些人竟然暗示我前去那里，是为了执行某个党派的利益。我从未追随过任何党派。一直以来，我所表现出来的热情，都是因为我对这个国家的热爱——我的意思是，我始终追求着真理与自由——而根本不会在乎某某人隶属于某个党派。我想要与任何追求真理与自由的人走在一起。"在第三卷的《评论》的前言里，笛福就用充满激情的文字反驳了这些指控，并且用看似道歉的口吻回应了这些指责。

"我必须要坦白地说，"笛福说，"有时，我觉得要是在没有任何指引、帮助或是鼓励的情况下，要想继续发自内心地坚持下去，是一件

---

① 在 1707 年 5 月正式生效的时候，从此时起，英格兰和苏格兰合并成立联合王国，因此后文如无必要，将以英国统称联合王国，而不再区分英格兰与苏格兰。

非常难的事情。虽然很多人都在不断建议我应该放弃这样做，说我不应该为了消除这两个国家存在的民族偏见而做出努力，不应该为了和平与联盟做出努力。但是，我不愿意看到这两个国家的民众遭受这种偏见的毒害所带来的灾难。

"要是我详细地谈论一些细节的事情，那么无论是天主教徒、新教徒还是一个改革派，任何人都很难想象我所经历的事情。那就是普通的民众会让自己的良知与判断，屈服于赤裸裸的真理面前，并且认为这样的真理是有用、富有价值和适用性的……

"很多人指责我是一个有着根深蒂固偏见的人，说我是一个收受贿赂的人，说我收了某些人很多好处费——事实上，我牺牲了自己的家庭与个人的财富，就是为了实现两国之间的和平的事实，就足以洗脱这样的指控。为什么我仍然要与这些缺乏怜悯心且充满恶意的人纠缠，为什么我要为了过去的恩怨对这些激进派穷追猛打呢？难道他们会想办法来为我的声誉正名吗？为什么我要付出如此之多的牺牲，离开自己的家人，放弃自己的工作，只是为了宣扬这样的理念吗？难道一个人的命运是可以被钱收买或是雇佣的吗？难道我是英格兰皇室与亲王们可以控制的吗？当然要是我受到某些人的雇佣，那么这些雇用我的人，也应该早就让他的仆人从这种无休止的迫害与充满恶意的控告中解放出来。因为这些人嘴里说出来的谎话，是永远都无法停歇的。因此，让我的这段话摆脱别人说我是受人雇佣与指使的诽谤性指控吧！"

接着，民众会问，如果笛福不是受到官方的委任，那么他为什么要参与这些事情呢？为什么他要让自己牵涉其中呢？对于这样的质问，笛福这样回答：

"先生们，你们这些质问提得好。我看到了一小撮人正在策划着阴谋，妄图毁掉我们的财产、损毁我们的法律、侵入我们的政府、腐化我们的民众。简而言之，这群人想要奴役这个国家，让这个国家陷入混乱。在这团火刚刚燃烧起来的时候，我大声地说：'着火了！'或者大声地说：'快拿水来救火！'我看到了这个国家的民众陷入了恐慌的状态，每个人都用恐惧的眼神看着对方，然后大声地说：'和平！'我将仍然具有理性的人召集起来，跟他们讲明目前的事态，然后鼓励他们要牢牢控制住那些疯子，从这些疯子手上夺走他们邪恶的武器，因为他们手上拿着的匕首会伤害他们的母亲，撕裂这个国家，最后毁掉这个国家的一切。"

"在这种情况下，我做了些什么事情呢？先生们，是的，我拥有的权利与其他所有人一样，就是在这个国家拥有立锥之地。我希望自己的后代能够拥有自由的权力，希望这个国家能够拥有健全的法律、自由以及隶属于人民的政府。那些指责我无事生非的人根本不了解我。事实上，这些指责我无事生非的人，其实就是那些根本不懂得是非的人。"

"我并不是第一个，"笛福在另一个场合下说，"敢于说出真理的人。我只能认为，随着时间的推移，他们会慢慢恢复理性，认识到实现和平的事实，对于整个国家是多么有帮助。这样的话，他们就能够渐渐认识到，我只是一个深爱着这个国家的人，是一个诚实的人。"

毫无疑问，时间的确证明了，笛福当年的所作所为完全是出于对他的祖国的热爱，正是这样的热爱之情，才让他投身到参与推动和平与实现国家联盟的努力当中。笛福当年所怀抱的目的，是只有真正的政治家才会拥有的目标，而且这也证明了他是一个诚实的人。尽管如此，笛福一直所宣扬的独立与行动的自然性，虽然在被事实真相及庄重的誓言证明之后，却仍然有很多人将他视为外交斡旋方面的门外汉。笛福后来承认，他知道自己这样做，不会让任何人受伤害，只可能会给自己的诚实名誉带来伤害。因为很多人都说他是为哈利服务的，并且获得了来自女王陛下的"任命"。至于笛福在苏格兰进行秘密活动的具体目的，笛福总是以得体的方式婉拒回答。笛福在苏格兰的活动，也许只是了解那些具有影响力的人的想法与立场，然后将苏格兰民众的普遍想法通报给英格兰政府。不管怎么说，笛福都不像他所说的，是出于好奇心的驱使，或是担心他的债主追讨或是私人企业的发展，或是纯粹出于一种爱国热情，才让他动身前往苏格兰的。笛福利用自己欠下债务为借口，作为外交活动的工具，这是很有趣的。笛福并不是单纯地将自己的能力用于管控债主上。正如一位像贝肯斯菲尔德公爵这样的人物所说的，笛福用这种无与伦比的方式，展现了他对人性的充分认知。但不管怎么说，笛福还是将自己的债务，变成了投身这场政治游戏中的一个有利筹码。显然，笛福所处的贫穷，即便这不是真实的贫穷，也可以作为一道屏障，让人们觉得他不是受到英格兰政府的委任。当笛福被派遣前去执行秘密任务的时候，他就会揉揉双眼，宣称自己必须要躲避债主，以便告别艰辛岁月。

# 第六章
## 萨谢弗雷尔①先生与政府的变革

一些笛福的传记作家们认为，笛福持有坚定的自由贸易信条。事实上，这是一个错误的认知。诚然，笛福始终都在通过宣传册、书籍或是难以计数的《评论》报纸去宣扬贸易对整个国家的极端重要性。在笛福看来，商业贸易是英格兰之所以能成为一个伟大国家的基础，而在商业贸易层面上取得成功，则是最能够展现出一个民族高尚气质的事情。笛福认为，发展商业贸易是仅次于维持新教信仰的事。因此，他认为，英格兰的政治家应该将促进商业贸易当成极为重要的事情。在这些事情上，笛福似乎表现出了无限的热情，为此也耗费了无数的精力。事实上，笛福还尽自己最大的努力，去支持《乌德勒支和

---

① 萨谢弗雷尔（Henry Sacheverell，1674—1724），英国国教高级牧师，因在 1709 年 11 月 5 日的一次煽动性布道而全国闻名。随后，他被下议院弹劾，虽然他被判有罪，但他受到的轻判被视为一种辩护，他成为英国受欢迎的人物，为保守党在 1710 年大选中取得压倒性胜利做出了贡献。

约》①上所规定的商业条款，希望废除与法国贸易之间存在的高额关税条例。正是笛福做出这样的努力，才让他获得了推动自由贸易先驱者的声誉。但是，他所获得的这种声誉，却并不能经受任何严苛的检验。笛福并没有真正超越他所处的那个时代的局限，并没有真正了解当时的商业系统所存在的漏洞。与此相反，笛福极力反对同时代那些对这个商业系统提出质疑的人。笛福是以何种方式支持政府与法国签订全新的商业条例以及他到底是在何种立场下去表达支持的，我们只能通过观察他与政府之间的关系去进行一番了解。

1707 年，笛福仍然生活在苏格兰，正在通过他的《评论》报纸专门谈论与苏格兰事务相关的事情。根据笛福的说法，他的众多读者觉得，笛福这个家伙唯一谈论的问题，都是关于联盟的，对当前发生的事情已经缺乏了足够的认知，没有认识到哈利在内阁政府的地位已经不是那么稳固了。很多人怀疑哈利是故意冷却别人对战争的热情，

①《乌德勒支和约》(*Treaty of Utrecht*)，是 1713 年 4 月至 5 月由欧洲多国于荷兰乌得勒支签署的和约，旨在结束西班牙王位继承战争。该和约不是单一的文件，而是一系列和平条约的总称。1700 年卡洛斯二世去世，西班牙哈布斯堡王朝绝嗣，卡洛斯于生前指定的继承人为法国波旁王朝的安茹公爵腓力，其为卡洛斯同父异母的姐姐西班牙的玛丽－泰蕾兹与法王路易十四之孙，因此腓力亦有法国王位的继承权，但同时欧洲其他列强不容许法国与西班牙如此强大的联盟存在，所以从实质上来讲，该和约允许腓力继承西班牙王位，但其亦须放弃法国王位的继承权，并作出其他相应必要的保证，以确保法国和西班牙不会结盟，最终达到维持欧洲各国力量均衡的目的。该系列和约的签订国包括西班牙帝国、大不列颠王国、法兰西王国、葡萄牙王国、萨伏依公国与荷兰共和国，和约签署人一方为路易十四与其孙腓力的代表，另一方为英国女王安妮，萨伏依公爵维托里奥·阿梅迪奥二世，葡萄牙国王若昂五世与荷兰共和国的代表。和约的签订标志着法王路易十四称霸欧洲的野心落空，并在此基础上维持了欧洲体系的权力平衡。

并且暗中与托利党人保持着私底下的关系。当马尔伯勒在这年年底从战斗中返回的时候，他坚持认为，哈利的国务卿职位应该遭到解除。女王陛下早就暗地里对马尔伯勒的掣肘感到不满了，因此拒绝了他的要求。此时发生的一件事，让马尔伯勒一派更有理由敦促女王陛下这样做：哈利内阁里的一名职员格雷格，此时被发现与法国王室进行秘密书信往来，为路易十四国王提供有关英格兰政府的重要文件。当这件事情暴露之后，哈利被指责犯下了共谋串通的罪行。当然，这样的指控是毫无根据的，但哈利没有妥善保管好重要的政府文件，的确是难辞其咎。戈多芬与马尔伯勒用威胁的口吻表示，如果哈利不遭到解职的话，那么他们就要辞职。此时，女王陛下不得不同意解除哈利的职位。

哈利遭到解职之后，按照笛福在《呼吁荣耀与正义》（*Appeal to Honour and Justice*）这本宣传册里所说的，他感到茫然无措，想当然地认为"当一个有权势的人倒下了，那么所有与他有牵连的人肯定也会一同倒下"。但是，当帮助过笛福的哈利听到这个消息，知道笛福"愿意与当初帮助过他很多的人共患难"时，就友善地敦促他的忠诚追随者笛福认真思考一下自己的利益，而不是仍然幻想着自己还应该承担什么责任。"我的财务大臣，"哈利说，"会雇用你在公共服务方面担任职务，他也非常欣赏你对很多事情的看法。除此之外，你要记住，你真正为之服务的人是女王陛下，而女王陛下一直都待你不薄。你要像过去那样继续服务女王陛下。我丝毫不会有任何责怪你的意思。"根据笛福的说法，正是在戈多芬的引荐下，笛福第二次见到了女王陛下，并且有幸亲吻女王陛下的手。鉴于他之前做出的特殊贡献，女王陛下"很乐意继续对他委以重任"，当笛福正在反驳那些说他是为英格兰皇室或是亲王服务的敌人时，正是笛福获得任命的时候。

与之前一样，笛福所从事的工作，主要还是两方面，一方面是社会活动，另一方面则是文学创作。1708 年初，在内阁人事变动之后没多久，就传来了法国舰队在敦刻尔克集结的消息，当时很多人都猜测法国舰队有可能在苏格兰登陆。笛福立即被派到爱丁堡。按照他的说法，他所承担的差事，是"一个主权国家所无法出面去做的，因此只能派一个诚实的人去做"。如果笛福的使命是要混在当地人当中，更好地了解当地民众的感受，或是对某些特殊人群的想法有深入的了解的话，简而言之，笛福就是以政治领域内的侦探或是间谍的身份去做。英格兰政府只能派一个值得信任的人去做这项工作。因为任何人在危急关头没有表现出诚实与爱国主义精神，那么此人就是无法胜任的。在笛福看来，四面环海的英格兰正处在非常危险的境地。法国舰队这次的调动，也许是深思熟虑之后采取的军事行动，因此英格兰政府非常有必要去了解。在英格兰与苏格兰联盟协议达成之后，苏格兰还有多少人希望借助法国的势力来打破这样的平衡。幸运的是，苏格兰那些詹姆斯二世党人的忠诚，在这方面没有遭受任何考验。正如在西班牙无敌舰队的例子上，我们的手上仍然握有主动权。在防御舰队出动之前，法国舰队就已经成功抵达苏格兰海岸。但法国舰队越过了原本定好的着陆点，因此他们除了声名狼藉地重返敦刻尔克之外，没有任何其他办法。与此同时，笛福以让人满意的方式完成了自己的使命。在国会遭到解散之后，戈多芬马上就召见了笛福，表达了对他工作的肯定，希望笛福能够在全国各郡进行宣传，在这场全国大选中帮助目前的政府。之后，笛福经常被派到苏格兰，进行着类似的秘密活动，并且似乎在爱丁堡拥有了固定的出版业务。后来，笛福做了安排，在爱丁堡与伦敦两座城市同时出版他的《评论》报纸。除此之外，笛福还在爱丁堡创立了多份报纸，为英格兰商人提供一些帮助，为亚麻布制造商在爱丁堡提供立足之地。

　　但是，我们更加关心的是，笛福在文学方面的多才多艺，且具有不屈不挠意志的天赋。虽然笛福在商业与外交事务上有着很多事情要做，但他始终没有中断文学方面的创作。在这段时期里，笛福的《评论》报纸一直发表着支持内阁的文章。法国舰队集结的这一事件，使得公众对苏格兰事务产生了全新的兴趣。笛福做了很多广告，表示虽然他从未想过让《评论》成为一份真正的报纸。但是，当前的环境让他有能力从苏格兰收集正确的信息，并且提供全面客观的观点。笛福所传递出去的信息都是带有目的性的，而这是一个好目的——就是为了促进英格兰与苏格兰彼此之间有着更深入的了解。笛福从未拥有比此时更好的时机，让他可以宣扬和平与联盟的极端重要性。笛福想尽办法去最大化地利用这些机会，表示要支持苏格兰长老会的事业，声称他们的忠诚是不容置疑的，发表文章详细地阐明双方都能够从联盟协议中得到好处，从而缓和很多商业贸易方面的摩擦，笛福还抓住了每一个攻击对手的机会，展现出个人高超的智慧。笛福表示，如果那些自以为是的人的意见得到采纳，即认为英格兰只需要依靠民兵与舰队就能保卫国家，那么英格兰现在会变成什么样子！如果不是老天爷帮忙，如果法国舰队成功在苏格兰海岸登陆，难道我们那些平时很少接受军事训练的民兵能够抵抗训练有素的法国舰队吗？到时候，我们有能力将法国军队赶下海吗？我们应该感谢法国国王这次悍然的举动，因为正是这一事件，才让我们的国民认清了那些愚蠢的顾问，让我们有机会真正消弭应该国内存在的分裂。可怜的路易国王，是一个值得我们同情怜悯的人，因为他的告密者显然没有很好地为他服务，导致他错误地认为他的舰队会在苏格兰得到很多反对英格兰的派系的支持。事实上，这些反对派却丝毫没有这样的意愿与勇气。

在选举拉票期间，笛福投入到了热情洋溢的拉票活动当中，大力宣扬着辉格党的事业。"现在，我的英格兰同胞们，"笛福在《评论》上写道——此时，笛福已经学会用一种更为直接与有趣的方式与他的读者进行交流——"现在，我们正要选择国会议员，我要跟你们说一个故事。"接着，笛福讲述了在某些自治市镇，很多有权势的赞助人会通过选举一个"狮子狗"，从而让这些人作为初期的代表。笛福表示，金钱与麦芽酒能够做到任何事情。"只有上帝才知道，我是怀着极遗憾的心情对你们本人及后代这样说的。这些人如此的做法，必然会让我们的整个国家沦落到骗子、魔鬼、狮子狗的地步，因为很多人都迷醉在权力当中了。"笛福在很多期的《评论》报纸上，对那些决定将选票投给托利党人的选民做出了讽刺性的建议，"我们不能拥有一个托利党控制的国会的众多原因"。笛福大声疾呼："先生们，如果我们有心想要获得更多经验的话，那就记得将选票投给托利党吧。""我们想要获得一些指引，我们想要上那些骗子与傻瓜所创办的学校。"之后，笛福将那张面具脱下来，表示在众多选民中，只有"那些酒鬼、堕落之人。那些喜欢骂娘的人，那些遭受迫害的人"才会将选票投给那些野心家。"那些严肃对待的人，那些头脑清醒的人，那些具有思想的人以及谨慎的人"，都会将选票投给辉格党人。"若是国会由托利党人控制的话，那么这个国会就是一个邪恶的国会。""如果我们的国会是托利党人控制的话，那么整个国家就完蛋了。"在他《呼吁荣誉与正义》的宣传册里，虽然他当时仍然为戈多芬服务，但他解释说："我们应该下定决心，消除所有可能引起别人猜疑的理由。即他没有与任何人进行秘密通信，从未拜访、写信或是以任何方式，与他过去三年的上司有过联系。"那个时候，即便哈利是托利党的领袖，笛福仍然以这样的言辞去进行指责。因此，如果说真的存在着任何所谓秘密的讨论，这肯定都是非常奇怪的。

在哈利的职务遭到解除之后，被视为托利党的绝对领袖，哈利是一位相当低调的政治家，始终保留着自己的顾问，喜欢使用各种有趣的工具，帮助自己能够从复杂的事情表象下，了解到事情的核心，让他可以充分地利用各种机会。发动一场针对内阁的战争，这是那些更加狂热的党派信徒去做的事情。当博林布鲁克、罗切斯特以及他们的党人在报纸上大声表示，正如此时已经落入了教会的敌人手上，并且指责辉格党人延长战争，只是为了让他们的口袋能够获得更多的战利品，并且希望整个国家的民众能够站起来，结束这场假公济私与管理不善的局面时，哈利只是耐心地等待着。1708 年夏天，英军在奥德纳尔德取得的胜利[1]，让他们获得了全新的把柄。他们大声疾呼："如果这场战争最后不能带来和平，那么即便取胜了，又有什么用处呢？如果我们不能让法国最后臣服于我们的话，那么我们通过一次次战争打败法国，又有什么用处呢？如果辉格党人不大发战争财的话，那么法国国王是肯定愿意与我们达成和平协议的。"对于这些人所提出的和平主张，笛福在他的《评论》报纸上做出了强有力的反驳。"先生们，"当奥德纳尔德战役胜利的消息传过来的时候，笛福这样写道，"我们再次将法国牵着鼻子走了。让我们祈祷马尔伯勒公爵不要那么快就结束这场战争吧，因为和平可能不会随着战争的结束而到来的，如果真是这样的话，那么我们将会变成什么样的人呢？"与所有人一样，笛福愿意在尊重国家尊严的情况下达成和平协议，但是这样的和平协议只有在新教继承权得到确保之后才能实现。因此，这样的权力

①奥德纳尔德取得的胜利（The victory of Oudenarde），1708 年，西班牙王位继承战争中，奥地利与英国联军在比利时奥德纳尔德大败法国与西班牙联军，法军损失惨重。

平衡才能稳固地实现，"否则，这将会对国内的和平现状产生不利的影响""如果我们所说的外部和平环境是具有致命性影响的话，那么我们之前所做的一切都是毫无意义的"。不过，现在法国国王已经提出了和平的倡议，内阁也希望能够达成满意的条款。辉格党人希望发表一个声明，在国会敦促女王陛下，让那些觊觎王位者在彻底被法国宫廷抛弃之前，绝对不能与法国达成任何和平协议。而有关新教继承权的问题，需要通过一些协议来予以保证。在这一年的整个冬天里，笛福在《评论》报纸上，都在用清晰的文字阐述实现真正具有尊严的和平所应该具备的条件，并且让国民去质疑路易十四国王在这场和平谈判时所表现出来的真诚态度。当这场谈判破裂的时候，很多人都对此感到不满，而托利党人更是奋力煽动民众的这种不满情绪，结果导致了英格兰民众普遍对路易十四国王产生了不信任的感觉，认为必须要通过苛刻的条件去对他的诚实进行检验。此时，笛福则想办法去对抗大众这种普遍的不满情绪。在笛福看来，很多针对马尔伯勒的指责，都是毫无意义的吹嘘。我们根本没有理由为我们在战争中取得的胜利而感到沮丧，除非我们一开始就拥有着非常高的期望。虽然法国国王手头上拥有的资源已经变得越来越少了，但他想要与英格兰实现和平的愿望，还是相当合理的。因此，路易十四更加看重的是自己的荣誉，而不是法国民众的福祉。他会为了实现自己的目标而不择手段，哪怕是耗尽国库里的最后一个金币也在所不惜。因此，我们不能期望在一周之内攻陷巴黎。可以说，没有谁比戈多芬更加适合管理我国国库了，他甚至应该获得比马尔伯勒公爵更多的赞誉。"你的财政大臣才是你们将军中的将军，要是没有他对国库资金的妥善管理，那么马尔伯勒公爵率领的军队肯定是会被击败的。"

萨谢弗雷尔事件最终导致内阁政府的倒台。这件事让笛福找到了为内阁政府辩护的机会。笛福就这个问题写了很多篇文章，这些文章可以极好地展现他那充满争议性的写作风格。萨谢弗雷尔与他一直都是老对手。萨谢弗雷尔的"血色的旗帜与反抗的旌旗"以及其他充满野心的好斗者，都为笛福在创作《消灭非国教徒的捷径》这本宣传册的过程中提供了详实的材料。当时，民众是站在笛福这一边的。之所以出现这样的结果，部分原因也许在于当时的政府正不遗余力地迫害着他。但在那个充满变革的动荡时代里，这位牛津地区的牧师"习惯了谴责祖先"，却找到了一个更加适合自己的机会。他的文学才华是比较有限的。但在 1709 年年底，当和平的希望破碎之后 [1]，整个国家的民众都担心从此可能会陷入一场漫长的战争当中，民众更愿意聆听这位直接说出事实真相，不用任何修饰词语去掩盖真实状况的人的演说。因此，这位牧师经常在布道讲台上，用《圣经》里的典故去讽刺女王陛下的内阁成员。他激烈地抨击那些走入歧途的兄弟所遇到的危险，正如 11 月，他在面对市长阁下的时候发表的那篇布道演说一样。对内阁来说，聪明的做法应该是放任萨谢弗雷尔与他的支持者在新闻报纸上的所作所为。但是，戈多芬在某个时刻，竟然被这位喜欢嘲讽别人的牧师所说的一个绰号激怒了。的确，谁也想不到，像萨谢弗雷尔这样一位文质彬彬的人，竟然会使用如此恶毒的语言去攻击他——于是，戈多芬决定抛弃之前那些顾问给予他的理性建议，希望下议院对此人进行弹劾。下议院一致通过了这个议案，认为萨谢弗雷尔的演说是充满煽动性、丑闻性以及恶意的，并且一致同意对他进行弹劾。

--------

[1] 当和平的希望破碎之后，这里指 1709 年，英国、奥地利、荷兰组成的联军在马尔普拉凯与法军激战，最终法军撤退，但联军付出了极度惨重的伤亡，这一战成为西班牙王位继承战争的转折点，为法国的最终获胜埋下了伏笔。英国国内因为这一战的损失过重，掀起了反对马尔伯勒公爵的浪潮。

不过，上议院则认为，有关这个案子的决定，还应该通过审判来进行最后的决定。威斯特敏特大厅为这场公开审判做了充分的准备。一开始，笛福不断对这些充满野心的人进行侮辱性的嘲笑，然后谈到他们做出的这些迫害行为，只是犯下了一个错误而已。笛福表示，我们应该鼓励这些人不断地暴露自己以及他们所属党派的真实面目。"让他们继续吧，"笛福说，"继续欺负那些温和的人，让他们继续叫嚣着废除《宗教宽容法》，让他们继续咒骂着联盟吧，那么我们将会得到最大的好处。"

我们在对待他的时候，采取的办法应该与我们对待一匹脾气暴躁的马是一样的。当这匹马一开始躁动不安、不肯低头的时候，我们就要勒紧缰绳，尽可能地控制它。但是，如果这匹马开始愤怒发狂，我们就要放松手上的缰绳，用手轻轻抚摸他的后背，让它跑远，看看它到底能够跑多远。这匹发了疯的马会像一个疯子那样喜欢跑近路，直到它毁掉了自己的马棚。也许，这匹马还会陷入泥潭，无法动弹，接着它就会慢慢冷静下来……除此之外，那些善良的人，你们知道那些喜欢狂吠的动物有什么特性吗？如果你经过这些动物身边，装出毫不在意的样子，此时它们就会不断喊叫，制造噪音。也许，它们甚至会在你身后追着你来叫。但是，当你转过身，用石头狠狠地攻击它们，那么你相当于什么事情都没有做——事实上，你将这只会叫的狗置于与你同样的高度了。

笛福在上文中最后提到的观点，正是当时的政府所采取的措施。他们也为没有采纳笛福的建议——对萨谢弗雷尔听之任之，使其冷场而感到遗憾。不过，当政府下定决心要弹劾萨谢弗雷尔的时候，笛福立即转变之前的立场，为政府做出这种弹劾行为感到高兴，因为政府会这样做，都是在他的预料当中。当《评论》报纸上说，"你们应该让这些人继续往前跑，直到他们失去呼吸的时候，难道不是说对了嘛？难道我没有告诉你们，从天而降的冰雹会毁掉他们，却又能给我们带来好处吗……从来没有哪只猎犬像他那样勇敢。他已经卓有成效地完成了自己的工作……他仿佛叫醒了这座房子里的人，叫醒了女房东……善良的人要感谢他，并且要拍拍他的后背。让他所属的党派去做他们想去做的事情吧，最后的胜利是属于我们的"。笛福也还记得提醒那些善良的人，他之前曾遭受过颈枷的刑罚。因此他用讽刺的口吻表示，高教派那些人更加愿意看到萨谢弗雷尔现在所遭受的惩罚。在笛福的《颈枷颂》里，他表示萨谢弗雷尔有权站在他所处的位置。现在，萨谢弗雷尔的愿望得到了满足。"国会下议院前面的栅栏，可以说是这个国家最糟糕的颈枷受刑处了。"在审判开始前两个月这段时间里，民众的躁动之情开始慢慢增长。萨谢弗雷尔与他所坚持的信条，成为笛福《评论》报纸上主要谈论的话题。如果这场汹涌的民意可以通过一场深刻的辩论来得到缓和的话，那么笛福的报纸就应该已经起到了这样的作用。笛福是一位充满男人气概的反对派，从来不会模仿那些粗俗的宣传册作者，收集有关那位博士私人生活的丑闻——至少不是与他个人有关的丑闻。事实上，在一份作者署名为"来自牛津地区的一位先生"的宣传册里，就列举了笛福创作的很多文章，并且叙述了萨谢弗雷尔的为人并没有得到牧师的信任。但是，这份在《评论》报纸之外出版的宣传册，却让很多传记作家认为是笛福所创作的，表示这是教皇写给萨切维雷里奥的一封幽默信件，告诉他如何才能更好地实现那些觊觎王位者的利益。在《评论》报纸上，笛福用相当愉悦的鄙视口吻谈论萨谢弗雷尔，希望能够按照他所持的信条去惩罚他，而不是按照惩罚一般犯人的方式去做。在长达两周的审判期间，一群乌合之众每天都会来到那个牧师的马车旁边，跟随他前往他在威斯特敏斯特大厅神殿的住所，高呼万岁，亲吻着他的手，然后利用晚上的时间去扰乱那些非国教徒秘密聚会的场所，在那些著名辉格党人的住所外面大喊大叫。笛福表示，这些野心家会使用暴力手段来对待他们的对手。如果这些人真正拥有权力，那么这也只不过是证实了他之前所一直坚持的观点而已。关于萨谢弗雷尔的审判结果，是他的布道演说稿及任何相关的作品都应该被烧毁，而他本人也被禁止在三年内继续从事布道工作。这一判决被很多乌合之众认为等同无罪释放。他们举行了喧闹的聚会，还进行了篝火晚会来进行庆祝。笛福对此进行了一番理性的分析，用愉悦的口吻表示，这样的判决是我们每个人都愿意看到的，这也是他一直以来建议且希望看到的结果。但是，他无法成功说服广大的民众，让他们相信政府在这个过程中其实没有遭受任何失败。

对萨谢弗雷尔的弹劾，引发了民众对辉格党强烈的不满情绪。格特鲁登伯格会议没有就和平事宜达成任何协议，更是加重了民众这方面的情绪。此时，托利党人开始发动舆论攻势，而民众也愿意认为，这一切都是因为我们的政府始终坚持法国国王做出根本不可能的妥协所导致的愚蠢结果，宣称这些辉格党人更加看重法国人的利益，而不是英格兰人的利益。女王陛下在很长一段时间里，一直都想要解除内阁里那些辉格党成员，因此就借此机会乘势而上。女王陛下在 6 月解除了桑德兰伯爵①的职位，给她的盟友们透露出这样的风声，即她不想要继续做出任何改变了。虽然他们的大使之前被视为顽固的人，此时

---

① 桑德兰伯爵（Charles Spencer, 3rd Earl of Sunderland, 1675—1722），英格兰政治家。

也祝贺女王陛下表现出来的果敢。8月的时候，女王陛下做出了一个重大的决定，就是解除戈多芬的职位，让财政部名义上被纳入委员会的管理范围，但实质的管理权却落到了哈利的手上。在接下来的几周里，哈利的想法是依靠其余辉格党人的合作，一起管理政府。但是，激进的托利党人却从未想过就此罢休，他们破坏了哈利这个温和的想法。托利党人威胁说，除非哈利能够彻底地与辉格党宣布决裂，否则就要撤销对他的任何支持。10月，辉格党人基本上都离开了内阁，托利党人占据了内阁的主要位置。此时，女王解散了国会，宣布重新进行大选。"政府部门的转变是如此突然与彻底，"伯内特主教 [①] 说，"这在我国历史上都是罕见的，特别是对于那么多具有卓越能力，且愿意怀着热情去服务这个国家的人，他们一下子就离开了内阁。"事实上，女王陛下解雇在国会占据多数席位党派的内阁成员，这没有什么好奇怪的。但是，整个政府由一个党派执政，突然完全被另一个党派取代，这是非常罕见的事情。已故的桑德兰伯爵给威廉三世国王的建议，看来此时仍未能在宪法层面上扎根，只能通过政治与社会形势不断施加压力，才能慢慢实现。

在政治局势动荡不安，辉格党方面又毫无还手之力的时候，笛福的行为是非常值得研究的。当然，我们不知道到底是应该欣赏笛福哪一方面的能力，是欣赏他坚持到这座房子倒塌的最后时刻的勇气，还是欣赏他在房子倒塌之后能够从废墟中爬出来的灵活能力。很多指责笛福缺乏坚定原则的人，都没有明白这样一个事实，那就是在这个充满困惑与不安定的时代，任何一个有着笛福这样能力的人，都不会像笛福这样做。除此之外，笛福的行为是始终如一的，始终保持着警觉

---

① 伯内特主教（Gilbert Burnet，1643—1715），苏格兰哲学家、历史学家、索尔兹伯里主教。

性，坚持诚实才是上策的原则。因此，在很长一段时间里，我们都很难看到笛福在人生道路上出现跌倒的情形。如果我们拒绝受到与笛福同代人的一些想法的指引，那么我们几乎肯定会成为笛福所描绘的那种无与伦比的合理性说法的受害者。笛福在政治写作方面出现的方向偏差，无论是在他的《鲁滨孙漂流记》或是《瘟疫年纪事》等描述逼真的作品里，几乎很难察觉到任何的瑕疵。

在用达特茅斯替换桑德兰以及戈多芬倒台的两个月时间里，笛福充分运用他那流畅的文笔与充满逻辑的思想发表文章，防止内阁出现可怕的变化，努力让那些托利党人出局。笛福坦承，他这样做有着个人动机的考量："在这场野蛮的劫掠过程中，我感觉个人的自由受到了严重的冲击。托利党人所爆发出来的愤怒与不满情绪，是无法安抚的。即便是上帝赐给我这样的才华，也无法去恭维或是安抚他们。"在遭到解雇的内阁成员当中，一位就是桑德兰。在进行联盟谈判的时候，笛福与桑德兰结成了私人关系。笛福用最热烈的语言对他进行赞美，并且正式宣称，女王陛下始终都没有放弃她的臣下。"我的公爵桑德兰，"笛福说，"是带着最为清白的品格离开内阁的，我认为他是世界上最正直的政治家。""我这样说，绝对不是要讨好桑德兰公爵。作为这份报纸中缺乏经验的作者，我永远都没有那样的才华，可以去奉承我们这个时代最伟大的人物。"但是，反对他这样做的人到底是谁呢？即便是一个党派的走狗都不敢这样对抗他。"他们始终都不敢让我看到他们党派里的任何一个人，能够像桑德兰公爵那样。他们所能说的，只是我们应该相信，如果他有这样的机会，就肯定会这样做。"托利党人始终要求解除所有辉格党人的职务。高教派成员不断给女王送去恳求的信件，站在代表整个国家的立场，表示他们对目前的内阁完全失去了信心。笛福对整个内阁的言行进行了严苛全面的检查，要求对方做出明确的指控，说出他们的抱怨到底从何而来，明确指出财政部到底在哪些方面做错了。

至于站在整个国家民众的想法上，要想确认这方面的事情，就需要我们并不单纯使用一些人工修饰的演说，而是应该让公众从对政府信任的增强还是削弱的方面去进行看待。当桑德兰公爵遭到解职的消息传出去之后，股票的价格立即下跌了。之后，当女王陛下向央行行长做出了保证，她不会继续改变原先的内阁成员之后，股票价格才慢慢上涨。此时，市面上又传出了一个谣言，说国会即将提早遭到解散，这个消息再次让股票价格下跌。如果公众对政府的信任，一再因为对英国政坛的担心与忧虑而出现影响的话，笛福表示，这样的事情本身就是具有致命性打击的。那位腼腆的"信贷女士"可能就不再过分关注英国的发展，因为任何突然的转变都可能将她彻底吓走。至于托利党人用藐视的口吻说，国家信用受到影响，这不会带来任何不良的后果，表示一个国家是不可能因为这样而陷入债务危机的，那些有钱人可能会从一英镑当中拿出十九先令，来支持国家发动战争的说法，笛福用恰到好处的嘲讽态度反驳了这种哗众取宠的说法。

虽然笛福做出了各种努力，但是灾难还是到来了。8月10日这一天，女王陛下任命戈多芬前往财政部担任职务，而哈利则成为女王陛下的内阁首相。此时，笛福应该做出怎样的反应呢？在财政大臣遭到解职之后，笛福出版的两份《评论》报纸，可以说是最能体现他创作才华的载体。事实上，笛福绝对不是一个卑鄙、阴险的趋炎附势者或是墙头草。笛福始终怀着坚定而谨慎的态度去面对这一切，准备指责任何谴责他不愿意面对这一切的人。笛福坦率地承认，他的确是陷入了一个窘境，因为他之前所谈论的改变，现在都已经发生了。"如果一个人发现自己能够同时乘船前往南方与北方，能够同时说出真理与谎言，能够同时伸出右手与左右，那么他会是一个正常人，他也是一个懂得在目前场合下如何说话的人。"不过，笛福可以肯定一件事："我们都是诚实的人。"至于他们的继任者，"我们要做的就是保持希望，时间肯定会回答我们的一切疑问。无论是托利党人、詹姆斯二世党人、野心家或是疯子想要进来，我都会反对他们的。我不会恳求他们给予我任何帮助，我也绝对不会奉承他们，我也不会去讨他们欢心。"不过，真正的问题是，在当时的情况下，他应该怎么去做？笛福用简单清晰的语言说出了两条路，并且知道这两条路各自存在的危险。要是大声疾呼要求重组一个新内阁，这就是要毁掉公众的信任。要是对这样的人事安排表达愉悦的认同，就是鼓励这样的改变，增强那些想要继续推进下去的人的决心。总的来说，对笛福而言，他认为第一个存在的危险，是这两个危险当中最让人感到可怕的。因此，他表示会将自己全部的精力投入到维持公众信誉方面，并且建议所有真正的辉格党人也这样做。"虽然，我不喜欢这艘船上的船员，但我不希望这艘船沉入大海。我会尽自己最大的努力去拯救这艘船。我会努力将船上的水都舀出去，做自己所能做的事情。虽然船上其他人可能都是我的敌人，但这又有什么关系呢？这个道理是非常简单的。我们都在同一艘船上，因此要么一起前进，要么一起沉入大海。"

还有比笛福的这段话更加让人觉得合情合理的吗？还有比笛福这样的表态更能体现爱国精神的吗？事实上，要不是那些流氓抗议笛福没有能力去讨好那些权贵的话，我们很难找到笛福还有什么做得不足的地方。笛福在他随后创作的《呼吁荣誉与正义》这本宣传册里，就坦率地说明了这些事情背后所隐藏的其他东西。很快，笛福就回归到了社会活动上来，他采取一些行动，确保能够与政府保持联系，笛福却始终都在否认这样的联系是存在的。在戈多芬遭到解职之后，笛福对我们说，他在等待着戈多芬，"并且谦卑地询问戈多芬公爵，他接下来应该走哪一条路"。戈多芬立即用哈利之前曾向笛福做出保证的话那样向他保证，内阁的人事变动不会对他造成任何影响，表示笛福始终都是女王陛下的仆人，因此他所做的一切，都应该是按照女王陛下特殊的指引去做。在笛福看到这场斗争尘埃落定之前，他选择了等待。之后，他去与那些内阁成员会面，并且从这些内阁成员那里，得到了女王陛下的命令。因此，笛福决定按照下面的原则去指引自己的行为：

　　我立即想到，这应该成为我的行为原则，即女王陛下安排谁担任内阁成员，这对我都是没有什么关系的。我的责任就是与每一位内阁成员合作，只要他们不做违背宪法的事情，不做违背我国法律与自由原则的事情，我都会与他们一道。我要做的，就是在合法的基础之上去履行自己的责任，不去做任何法律不允许去做的事情。我要以这样的原则去要求自己。

　　正如笛福所说的，上天就这样将他推回到了原先帮助过他的人身边。他从哈利那里得到的任何的报酬、满足感、回报都是次要的，"只有女王陛下对他的任命，才会让他感到高兴"。不过有趣的是，笛福始终都极力否认存在着女王陛下对他进行任命的这回事。当然，笛福否认这一事实有可能是真实的。事实上，事情的真相很有可能是，当笛福用庄严的口吻表示，他从未"得到过任何人的指引、命令，或是让别人对他发号施令，或是去写任何他们想要看到的文章方面，或是出版任何他们想要看到的书籍与宣传册。自从戈多芬担任财政大臣之后，他就不需要听从牛津伯爵、已故的财政大臣或是任何人的命令"。从这方面来看，笛福说的也许是事实。笛福表示，"在他的所有创作当中，他从未牺牲创作的自由，总是按照自己对事情的判断去表达自己的观点与立场"。对于笛福的这一说法，我们是应该持相信态度的。笛福是一位非常聪明的仆人，的确不需要别人的任何指示。

在这场新选举当中，笛福为哈利所从事的秘密活动，也许早已经被世人所遗忘了。在《评论》报纸上，笛福始终坚持一种论调，即希望读者不要将他的文章与当时的政治局势联系起来。这样的做法，与笛福在之前几次选举期间给选举人的建议是一样的。笛福想要从一开始，就想让自己专注于选择的方式，而不是专注于那些被选择的人身上。笛福从未谴责贿赂、恐吓、骚动、聚众闹事，或是任何一种干预选举人自由选择权利的行为。至于那些被选择的人，笛福的建议还是与之前一样，就是应该选择温和的人——具有常识与品行的人，而不是那些容易冲动与暴怒的人。但是，笛福不再像之前那样坚定地表示，只有辉格党人才是拥有这样品质的人。现在，笛福认识到，在辉格党人当中，也存在着激进的辉格党人与温和的辉格党人，就如在托利党人当中，存在着激进的托利党人与温和的托利党人一样。在笛福看来，无论是辉格党上台执政，还是托利党上台执政，都要避免两党的激进派上台，而是选择那些温和派人士，这对整个国家才是有好处的。"如果我们的国会里面，都是那些充满野心的托利党人，那么托利党就完蛋了。如果我们的国会里面都是那些激进的辉格党人，那么辉格党也要完蛋了。"

笛福所提出的诸多建议，都是无懈可击的。但是，辉格党人认为，当笛福宣称，如果我们拥有一个托利党人控制的国会，那么整个国家就会完蛋的时候，已经察觉到笛福的立场发生了转变。这就好比一位有着共和精神的作家在 1877 年 5 月 16 日的争辩①之后，警告法国人不要选举那些激进的共和党人，并且响应大总统的建议，将他们的选票投给其他党派的温和派人士。当托利党人控制的议会重新出现的时候，笛福对他的党派的忠诚度并没有任何增加。笛福从未想过要通过将所有的议员称为辉格党人，从而证明自己的忠诚。笛福用最痛心的方式表示，这场选举充满着混乱与骚动，这是非常耻辱的。除此之外，笛福还批评了很多选区的选举都是乱来的。"这不是，"笛福说，"你们想要选举出来的自由国会。你们彼此间总是不断地抹黑，攻击与聚众闹事，希望能够借此影响整个选举过程。但是，由暴徒们影响的选举，绝对不是自由的选举，就好比当年克伦威尔凭借着常备军的武力炫耀获得选举胜利一样，这都是非常不公平的。国会选举与聚众闹事，是两种截然不同的事情，不应该同时出现的。"尽管如此，笛福还是希望那些温和派人士能够当选。

---

① 1877 年 5 月 16 日的争辩（16 May 1877 crisis）：法兰西第三共和国时期，总统有着巨大的权利，但其命令需要各部部长的同意才能生效。国民会议解散后，1876 年众议员选举，结果共和党人获得多数，12 月，共和国控制的众议员迫使当时的总统麦克马洪接受温和的共和党人朱尔·西蒙担任总理，但保守党人控制的参议院没有批准，1877 年 5 月 16 日，麦克马洪在夫人的鼓励下给朱尔·西蒙写了一封信，要西蒙辞职，于是出现了"5 月 16 日危机"，西蒙辞职后，他邀请保守的布罗伊公爵出任总理，继而在取得参议院同意的情况下，在 6 月 25 日强行解散众议院，于是产生了究竟是总统还是议会控制政府的问题，但 1877 年 10 月众议院选举中，共和派仍占优势并对布罗伊内阁投不信任票。12 月 13 日，麦克马洪做出让步，同意接受保守共和党人朱尔·杜弗尔担任总理，并由大多数共和党人担任内阁部长，1878 年 1 月 5 日，共和党在新的参议院选举中大获全胜，麦克马洪随后提前辞职，退出政界。从此，法兰西第三共和国的总统失去实际权力。由议会接管、主控政府。

正如我跟你所说的，我有充足的理由认为，一些人很快就会走在一起，这些人有着相同的品格，他们给民众传递出他们能够做到的信念。当他们聚集在一起的时候，他们不会像那些疯子那样肆无忌惮地做一些事情。他们会按照革命的原则去做事，始终坚持法律的原则，按照自身的秉性，以温和的方式去追求正义，支持我们所有人的共同利益——我将这样的原则称为辉格党主义，或者说是一个真正的辉格党人应该具有的行为准则。

我不需要继续跟你们谈论他们为什么会成为这样，或是为什么会这样做。我认为一个最简单的原因，即他们这样做，完全是出于尊重宪法精神以及他们所处的环境。这不需要进一步的证明——他们将会成为真正的辉格党人，他们肯定会成为辉格党人。除此之外，我们没有别的办法，因为宪法的精神就代表着辉格党人的精神。


新一届的国会议员，要么是辉格党人，要么就是叛国者。因为任何一个支持新教继承权的人都肯定是辉格党人，而任何反对的人都是叛国者。笛福运用自己的才华去玩这样的文字游戏，希望能够赢得公众的支持。无论是在《评论》还是在其他文章里，笛福都始终坚持一个观点，即每一个真正的辉格党人，肯定都要维护公众信誉，因为任何允许公众信誉遭受损害的人，都必然会让詹姆斯·爱德华·斯图亚特那些王位觊觎者有机可乘。针对很多人指责辉格党人从公共账户里收取走了很多金钱，并借此来表示辉格党人不信任政府的时候，笛福大声说："一派谎言！倘若事实真相真的如此，那么他们就不是辉格党人。"很自然地，在笛福的《评论》报纸上发表的文章，其实已经表达了支持这个实际由托利党人控制的内阁。很多人指责笛福已经投靠了托利党人。"什么，先生们，"笛福反驳说，"在你们看来，我可能更像是投靠了土耳其人，而不是投靠了那些野心家。你们将我描绘成了一个信仰伊斯兰教的教徒，这是荒唐可笑的，但更加荒唐可笑的是，你们竟然说辉格党人已经失去了他们原先的信誉。事实恰好与此相反，即便这个时候的内阁没有一名辉格党人，我仍然会感到满意，因为这与是否还有信誉是没有任何关系的。""如果这个国家的信誉能够得以继续维持，我们所有人都应该像辉格党人那样去做事，因为只有通过这样的方式，我们才能维持这个国家的信誉。要是在面对暴政专制的时候，我们采取不抵抗的政策，要是那些拥有特权的人可以僭越在法律之上，而民众的财产可以成为某些人随意控制的东西，那么这样的国会要来还有什么用呢？政府的信誉来自辉格党人的赋予，而只有辉格党人才能更好地展现出这个国家的信誉。因此，那些谈论辉格党失去信誉以及消极顺从的说法，都是一派胡言。"

要是笛福在这些文章里，能够专注于那些非常担心哈利的同事秘密进行的詹姆斯二世党人的活动会暴露的辉格党人，从而引诱着他们从公共基金里取出金钱的话，那么笛福其实是无法打消民众的这些顾虑的，即辉格党人这样做到底是一种巧合，还是为了真正的爱国精神而牺牲党派主义。笛福的这一说法，是很难适用于另一件事情的。虽然笛福列举了很多貌似合理的理由，但他实际上还是支持着这个由托利党人控制的内阁。我们已知道了笛福是如何谈论在辉格党人执政的时候，马尔伯勒公爵以及戈多芬管理军队与财政方面的工作。当托利党人上台执政的时候，他们立即着手重新确认他们的承诺，既要对他们的前任内阁成员是否存在贪污腐败的情况进行调查。关于这件事，笛福表达了赞同的态度。虽然他之前表示，这样做是极有必要的，但这仍然是笛福在认真思考之后做出的表态。

对战争或是战斗中出现的致命失误进行调查，这是民众一直所要求的。我想任何人都不会反对这样的调查。要是我们的赏罚制度能够更加完善，那么一些人就不会敢那么轻易地犯错，一些人也不敢轻易地找寻别人的错误。但不管怎么说，这样做虽然有点迟了，但总比不去做要来得好。当这场调查要正式开展的时候，必须要在几个方面真正产生积极的效果，比如既要将过去的错误揭露出来，又要做到防止重新出现过去的错误。就我而言，在过去的很多年里，一直都在抱怨很多当权者因为任性而犯下的错误导致的不公平，因此我们希望在对此进行认真细致的调查，能够还所有人一个公道，我为展开这样的调查工作而感到高兴。

笛福使用幽默的笔触与娴熟的文字能力，对这次调查进行了双重的解读。他谈论到了这样一个事实，即新一届国会并没有像往常的国会那样，通过正式投票的方式，一致通过表扬马尔伯勒伯爵在上次战斗中做出的杰出贡献。

我们在公开表扬军队将领方面，遇到了很多麻烦。一些人认为，某些著名将领已经得到了足够多的奖赏，而一些人则认为，对这些著名将领的奖赏还仍然远远不够。其实，这是一件好事，但双方都不希望我在这件事情上表达自己真实的想法。但是，我说服了他们。我认为，任何将军无论功劳多大，他所获得的奖赏都不能超越法律允许的范围。但是，马尔伯勒公爵能够得到民众对他的衷心爱戴。

但是，笛福的读者也会抱怨说，他没有对"应该"这词进行明确的定义。笛福用幽默的方式表示，至于对这个定义的理解，他会留给读者们去进行思考。在读者们谈论政府管理不善这个问题时，笛福会给他们提出他之前一贯给出的建议。"当你们不断撕咬与吞噬着对方的时候，你们肯定会出现处置失当的后果。你们要结束这样的派系斗争，结束你们的喧闹，结束你们聚众闹事的行为，否则你们将永远无法解决真正需要解决的问题。"不过，笛福之前只是通过谴责那些野心家的方式，希望国内实现和平的局面。笛福仍然在追寻着同样的目标，只是他采取了不同的方式，因为现在那些野心家的领袖已经重新掌权了。笛福宣称："那些将新一届内阁成员说成是全部由托利党人与野心家们组成的辉格党人，这些人都是愚蠢的辉格党人。"毫无疑问，笛福的这个说法是正确的。但是，如果笛福能够始终坚持他之前的观点，而不是因为内阁里的温和派人士占少数的事实而改变之前的观点，从而更好地将这些危险的因素排除在外的话，那么笛福的观点会得到更多人的支持。

不过，我们必须要承认一点，当哈利的首相职位受到那些认为他是一个温和派首相的野心家的威胁时，笛福仍然以间接的方式去表明自己的观点，那个著名的 10 月俱乐部在 1711 年秋天成立了，这个俱乐部成立的目的，就是敦促内阁采取更加激进的方式去对抗那些辉格党官员，在全国各地组建高教派的煽动团体。这些煽动团体主要是由地方的乡绅组成，这些乡绅都希望看到上一届政府的内阁成员遭到弹劾，希望看到马尔伯勒公爵被解除军队的指挥权。在哈利的煽动下，斯威夫特给那些狂热的党派分子写了一篇"充满建议"的文章，恳求他们要对新一届的内阁拥有耐心与信任，并且表示他们希望实现的目标，最后肯定都会实现的。此时，笛福则是通过创作风格激烈的文章，对这些身居高位的人进行谴责。在他的《评论》报纸上，笛福将这些人称为隐藏起来的詹姆斯二世党人，声称这些人都是法国那边派过来的，正在进行着"秘密活动"。"与他们一道的，还有受人尊敬的社会阶层中的一些著名人士。"为了阐明这个观点，笛福写了两本宣传册。这样的"小规模战斗"，帮助哈利实现了两方面的目的，一方面就是压制他所在党派内的那些狂热分子，另一方面就是让笛福展现出公正公平的立场。在宪法的制度尚未完全牢固，处于安危未定的时候，这样的党派斗争在英国历史上是处于最激烈的状态。就笛福而言，他首先是一名真正的英国人，然后才是一位辉格党人与非国教徒。不过，笛福这一次选择支持托利党人控制的内阁。笛福做出这样的选择，并不是他的过错。笛福做出这样的选择，可能会遭到很多人从充满恶意的层面上去进行怀疑，但是任何人都无法怀疑笛福始终保持着个人思想的独立性。当之前那些迫害过他的野心家诺丁汉伯爵来到辉格党人中间，提出了一个全新的法案，希望能够废除《间或偶奉国教法》的时候，辉格党人表现出了默许的态度，或者说他们没有做出明显的反对。在这件事情上，笛福写了很多表达强烈反对意愿的文章。但是，正如笛福所抱怨的，即便是这些非国教徒也拒绝与他们的盟友合作。在这个时候，辉格党人也对笛福站出来强烈谴责高教派人士感到不满，因为他们也对笛福强烈指责他们放弃了对非国教徒的保护，从而让那些迫害者可以肆无忌惮地进行迫害的说法，感到非常不满。笛福表示，非国教徒们必须要看到，无论是在低教派控制的内阁，还是在高教派控制的内阁，他们都不会得到任何好的结果。但是，很多非国教徒们认为，辉格党人在国会里是少数派，因此根本无法阻止这个法案的通过，不管辉格党人是多么想要阻止这个法案，也是无力回天的。因此，他们只能表达对那些掌权者的忠诚。

这个时候通过阅读一份保存下来的当时的文件，可以让我们对笛福的品格有所了解①。梅斯纳格是法国国王派来游说英国内阁成员的一名间谍，希望能够与英国人就和平协议进行协商。因此，梅斯纳格希望找一位有能力的宣传册作者来宣扬法国的利益。一个瑞典人推荐了笛福，因为笛福在前不久刚刚出版了一本宣传册《英国结束这场昂贵战争的诸多理由》(Reasons Why This Nation Ought to Put an End to This Expensive War)。梅斯纳格读了这本宣传册之后，感到非常高兴，就立即派人将这本宣传册翻译成法文，然后在荷兰地区发行这本宣传册。梅斯纳格还让这位瑞典人去邀请笛福，给笛福送去了一百枚金币。笛福收下了金币，然后将这件事告知了女王陛下。梅斯纳格记录下了这件事，表示"虽然他在笛福身上没有实现自己的目标，但他所花的钱也许并没有白费。因为在后来，我知道了笛福始终都在为英国服务。他告诉女王陛下他收受了一百枚金币的事情。因此，我只能不去打草惊蛇。同时，我也对笛福没有发现自己的身份而感到高兴，因为在这个时候暴露身份，这是非常危险的"。这件有趣的事情可以表明，大众对笛福的看法，同时表明了笛福并不是一个容易被腐化掉的人。毫无疑问，笛福这位工于心计的人也许要在智慧层面上远远胜过这位法国间谍。倘若这位法国间谍没有及时得到警告，停止继续向笛福贿赂，那么他在英国政府内部打探情报的事实就可能会暴露出来。

在戈多芬掌管内阁的时候，笛福就一直发表文章，指出必须要结束这场漫长的战争，实现和平。让我们不惜一切代价去实现和平吧。这始终是笛福在他的文章里所提到的，但在现实状况中，却始终都没有达成任何真正有价值的和平协议。与此同时，这场战争仍然在如火

---

① 我对这份记录的真实性还是持怀疑的态度的，因为这份记录将梅斯纳格在进行谈判时的细节内容都翻译出来了，也许，这个故事是笛福本人所写出来的。

如荼地进行着，估计这个世界上只有那些战争狂人愿意看到这样的局面。至于那些不断将笛福在新一届内阁上台前后所写的文章进行比较的对手，笛福总是不断地向他们提出挑战，恳求他们去证明他是否存在着表里不一的情况。当他做出这样的挑战时，他始终都站在最安全的境地，因为当时的政治环境已经发生了一百八十度的转变，因此每个人都完全有理由改变之前的一些观点。同盟者的计划因为神圣罗马帝国皇帝约瑟夫一世的去世而被打乱，皇帝的弟弟查理六世继任，在这个全新的局面下，西班牙国王的皇位就落到了来自法国的腓力五世手上，这也是他们的盟友一开始发动战争时想要追求的结果。不过，对英格兰来说，要是让西班牙的统治权落入到路易的孙子、安茹王朝的菲利普手上，这是极为危险的，因为这打破了欧洲大陆政治势力的平衡。笛福表示，要是腓力五世及其后代继续担任西班牙的国王，那么他们就有可能长时间统治西班牙，这对我们是最危险的。笛福所表达的主要观点，也是在威廉三世统治后期时想要发动对法国战争的主要借口。笛福当时用鄙视的口吻对此进行了一番讽刺。但是，时代的环境已经改变了。此时的笛福不仅愿意接受这样的观点，而且还发表了一篇文章："证明发动战争的做法，无论是在威廉三世统治期间，还是对所有同盟国来说，都是最合乎常理的。因为西班牙王室绝对不能与法国国王本人有任何联系。"笛福对和平概念的理解是，按照《分割协议》，西班牙在欧洲大陆应该成为法国与德国之间的缓冲，而西印度群岛则是英国与荷兰的缓冲地带。

不过，虽然笛福以各种方式去讲述实现真正和平所应该具备的条件，他还是将自己的主要精力投入到证明在某些条件下去实现和平，这是必要的。笛福详细地谈论了这场战争的巨大开支，列举了让人信服的例子，证明了这场战争正在不断摧毁我国的商业贸易。当然，笛福说的都是绝对的事实。但是，如果他当初收受了梅斯纳格的贿赂，并且忠诚地按照梅斯纳格的要求去做，那么他就能够更好地为法国国王的利益服务，而不是在那个关键的时刻创作宣传册。英国认为有必要出于现实条件去达成和平协议的想法，为路易国王提供了优势，因为他也急着想要与英国实现和平。路易国王在乌得勒支大会上提出的建议，在他看来肯定会被英国内阁与女王陛下所接受。倘若不是愤怒的辉格党人对此表示强烈的反对，那么这个和平协议将会达成，而这场战争也会成功地结束。在路易国王看来，向英国与荷兰做出领土的让步，这是微不足道的事情。因为法国仍然有权在弗兰德斯一些军事城镇驻扎军队，还拥有加拿大的部分领地。但是，英法两国并没有就西印度群岛的利益瓜分进行商量——当时的西印度群岛仍然是属于西班牙的领地。在这两个重视商业贸易的国家，重新恢复商业贸易，才是他们主要想去实现的目标。若是从历史的角度去看，路易国王所接受的这些建议，对他的国家来说要比其他国家来得更为有利。就英国而言，英国会对进口的商品免除高额的关税，作为回报，我们也会给予法国进口商品同样的最惠国待遇。简而言之，我们可以与法国进行自由贸易。那个时代的商业阶层虽然都对这样的协议感到困惑，但他们都认为这是一个天大的好消息。

正是因为笛福一直在发表文章宣扬自由贸易，因此很多人认为笛福对那个时代的商业漏洞了如指掌。但是，倘若我们认真阅读一下笛福创作的相关文章，就会发现笛福精于商业贸易，这纯粹是一个匆忙下的结论而已。在笛福作为争论者的艺术里，我们根本找不到笛福试图要修正大众对商业贸易误解的做法。与此相反，笛福习惯性地以理所当然的方式认为自己提出的观点是正确的，并且在这样的前提下，去得出他的结论。笛福就曾在文章里公开表明，自己是一位具有原则的禁酒主义者：

　　我完全不同意那些人的说法，他们说禁酒令会摧毁我们的商业贸易，他们说真正聪明的国家，比如荷兰，就根本不会执行什么禁酒令。

　　在上帝的祝福下，我们的国家可以从其他国家进口原材料去进行加工，但是任何国家都不可能去生产这个国家原本就没有的东西。因此，要是我们不从原材料方面去禁止这方面的进口，那么这必然会给我们的国家带来不良的影响。

　　很多人嘲讽笛福的立场，称他现在的立场与他在威廉三世统治时期支持禁酒令的立场是截然相反的。但是，笛福勇敢地站出来表示，在威廉三世统治时期，实行禁酒令是完全有必要的。但是，我们目前能够从实行禁酒令中获得利益，这完全是出于我们自身的利益去进行考量。正是出于同样的理由，我们认为当时实行禁酒令是正确的。现在，若是世界上还有国家这样做，那么这个国家肯定是在做着极为疯狂的事情。在威廉三世统治时期，英国的贸易逆差是八十五万英镑，之所以出现这么高的贸易逆差，部分原因在法国国王对我们的羊毛织品征收了高额的关税。

　　我的意思是，每个认为打开了法国市场，我们与法国每年的贸易逆差就会达到八十五万英镑的人，肯定会认为我这样说是疯狂的。但是，倘若我们换一个相反的角度去看待这件事，我可以证明，当我们每年的贸易逆差是八十五万英镑的时候，我们就能够通过贸易将这个贸易逆差数字变成贸易顺差六十万英镑。我希望我们的国家能够实现这个目标，因为我国的商人有这样的商业智慧。但是，倘若我们不与他们进行商业贸易的话，那么我们就没有机会做到这点。

在《评论》英文第八卷的前言里（1712 年 7 月 29 日版），笛福宣布了他不再继续进行该报出版的原因，表示这与国家对报纸的征税有直接的关系。我们很难认为，这是笛福的真实动机。事实上，即便在笛福宣布不再出版《评论》报纸了，这份报纸也是以单页的形式继续出现，并且一直持续到了 1713 年 6 月 11 日。在这个时候，笛福想要从事一项全新的项目——他表示要创办一份报纸，这份报纸主要谈论的内容是与贸易事务相关的。笛福曾说过，《评论》报纸主要谈论的目标就是商业贸易，但后来因为政治形势影响，笛福在很长一段时间内都偏离了这个主题，直到最后根本没有谈论任何与商业贸易相关的话题。不过，1713 年 5 月，当民众的情绪与国会充满火药味的辩论，在与法国的商业贸易问题上达到顶点的时候，笛福创办了一份《商人》报纸，这份报纸专门谈论与商业贸易相关的事情。笛福拒绝承认自己是这份报纸里文章的作者——只是表示他在担任这份报纸的编辑与统筹等工作。笛福说，他没有权力去规定哪些内容是可以登上报纸的。事实上，笛福的说法可能是真实的。不过，这份报纸的每一期内容都能够看到笛福在思想与观念层面上对民众的指引。《商人》这份报纸在观点、风格与精神等方面，都与《评论》报纸是完全一样的，唯一的差异就是在这两份报纸在攻击辉格党在商业贸易方面所持立场的强烈程度。这年夏天，党派的斗争是如此激烈。在《乌得勒支协议》条款公布之后，笛福也许会为自己以其他人的名字来表达自己的观点感到暗自高兴。他不断通过《商人》这份报纸，对一些看似公正客观的说法进行体无完肤的批判，直到这些所谓的说法都显露出原型。

《商人》这份报纸的主要目的，就是要向英国读者表明，英国不仅能够扭转之前的贸易逆差，而且还能实现贸易顺差，最后实现贸易平衡。此时，辉格党人创办的《飞邮》报纸就讽刺《商人》报总是为一个不可能实现的目标而圆谎。但是，笛福的《商人》报则将英国进口与出口的名单都详细地列举出来，并且还将英国与法国在各个行业的贸易详细情况都写出来了。笛福一直都喜欢在敌人的国家发动战争，希望通过对禁酒令进行攻击，或是按照大家都能够接受的协议，去达到贸易平衡的原则。笛福站在他们的立场上，勇敢地与敌人进行战斗。"要是我们将过去四十年与法国的贸易数据都进行一番统计，并对进出口的商品数额进行一番计算，那么我们就会发现英国这边似乎总是能够做到贸易平衡，而法国那边则是出现贸易逆差。"笛福接着表示，要是按照目前大家都能够接受的商业原则去看的话，法国国王同意取消对英国商品的高额关税，其实就已经是做出了巨大的让步。这也正是笛福一直以来想要证明的。"法国国王取消对英国商品的高额关税，这将会毁掉他的国家的工业生产。"很多人认为，与法国的和平协议条款，会毁掉英国的制造工业。笛福表示，真正的情况可能刚好与此是完全相反的。在这个情形下，笛福的行为纯粹就像某个党派的御用作家。笛福始终都不是一位自由贸易主义者，至少从原则上来说，他不是自由贸易主义者。我们可以从他在 1728 年出版的《英国商业计划》（*Plan of the English Commerce*）这篇文章的下面这些节选内容里看出来：

因为商业贸易为一个国家获得财富与力量提供了资金保证，我们就不会对很多国家那些最明智的国王，都想要急切地拓展商业贸易活动，希望以此来提升国家的经济发展，他们都想要不断宣扬与推广本国国民所制造的商品，他们都想要通过这样的活动为本国民众创造更多的就业机会。特别地，他们希望通过商业贸易将金钱留在他们本国内。与此相反，很多国家都会禁止从国外进口本国能够生产出来的商品，不愿意进口别国民众的劳动力，因为这样的商业贸易会让本国的财富流向国外。

当我们看到那么多国王与国家都积极地想要在本国建立制造工厂，希望能够通过商品贸易的方式，将邻国的财富带到本国，这也就不足为奇了。他们希望能够以合理公正的方式，从其他国家进口一些原材料，然后再对原材料进行一番加工，接着出口给这些国家。

因此，我们不能指责法国或是德国想要冲击英国在羊毛生产方面的地位，他们也是希望本国的民众去模仿我国的羊毛制造商，同样希望通过羊毛的出口来获得更多的利润。如果一些国家可以自行生产一些羊毛衣服，或是生产出替代羊毛制品，我们同样不能指责这些国家禁止国民使用或是穿着我们制造的羊毛衣服。

这个道理是非常简单的。鼓励本国民众积极参加商业活动，鼓励制造商雇用本国的民众，大力促进本国民众消费国产的商品，这有助于将他们的金钱留在国内，不会出现资金外流的情况，这显然是符合每一个国家的根本利益的。

因此，法国禁止英国的羊毛织品生产商的商品进入法国市场，这与英国禁止法国的丝绸、纸张、麻布或是其他商品进口，或是对这些商品课以重税的道理，其实是完全一样的。正是出于同样的理由，在商业贸易活动中，我们会禁止从东印度群岛进口而来的丝绸、印花棉布等商品。我们还禁止进口法国的白兰地、巴西的糖果、西班牙的烟草以及其他商品。

# 第七章
# 动荡时期的困难之处

笛福衷心为哈利工作的做法，引发了他过去一些盟友——辉格党人——极大的不满。笛福经常会以悲伤而不是愤怒的口吻抱怨这件事。事实上，对于笛福来说，他除了这样做之外，没有其他可以选择的余地。由始至终，他所做的任何事情都是为了整个国家的利益，从来都不是为了某个党派的利益。在这个危险的时代，要是一个作家真的是出于自身原则去进行创作的，肯定会遭遇到各种打压。如果他宁愿冒着置身于悬崖边的危险，也要去说出毫无偏见的真理，那么他就必须要忍受辉格党与托利党人双方的攻击。笛福这种一心只为国家利益着想的爱国情感，让他宁愿为自己诚实的内心而忍受痛苦与煎熬，很自然地引发了那些派系的愤怒。不过，当辉格党人想要对笛福进行一场迫害的时候，他们所找到的理由，竟然是笛福在一些宣传册里为詹姆斯·爱德华·斯图亚特的党人进行宣传。这的确是充分展现了党派斗争的残酷性。1712 年年底，笛福发表了一本《合理地反驳那些天主教徒与詹姆斯二世党人奉承斯图亚特党人》（*A Seasonable Warning and Caution Against the Insinuations of Papists and Jacobites of the Pretender*）。在笛福的这本宣传册里，任何詹姆斯二世党人都无法对笛福所说的这段话进行反驳：

亲爱的英国人，请你们思考一下，要是这位詹姆斯·爱德华·斯图亚特成为国王，我们的国家会变成什么样子呢？这个国王肯定是青睐于天主教徒的国王。他肯定是一个从小接受专制统治教育的国王，他肯定是一个受到法国国王牵制的国王——在这样的人担任你们的国王时，你们距离失去自由还有多久呢？你们是否距离宗教信仰自由更加遥远了呢？当你们的双手都被捆绑起来的时候，当军队镇压你们的时候，当权力压迫着你们的时候，当一个专制的国王让你们手无寸铁的时候，当一个信仰天主教的法国专制国王控制你们的时候，你们该采取什么办法，才能继续维持你们的新教信仰呢？

在笛福所创作的第二本宣传册《在大门口的汉尼拔》（*Hannibal at the Gates*）里，笛福就强烈地敦促辉格党与托利党人进行合作，废除过去那种党派斗争的精神。笛福在表达这样的心愿时，语气是非常坚定的，从未想过要偏向任何一个党派。笛福接下来的第三本宣传册更是让人感到震惊：《反对汉诺威王朝的继承——如果詹姆斯·爱德华·斯图亚特党人再次复辟？我们应该思考詹姆斯·爱德华·斯图亚特党人重新复辟后所带来的真正后果——这个问题是很多人都没有想过的，但是，如果我们的女王即将要去世呢？》（*Reasons Against the Succession of the House of Hanover——And What If the Pretender Should Come? Or Some Considerations of the Advantages and Real Consequences of the Pretender's Possessing the Crown of Great Britain——An Answer to a Question That Nohody Thinks of, Viz. But What If the Queen Should Die*？）不过，虽然这本宣传册的名称是比较震撼人心的，但里面的内容基本上都是以讽刺为主。笛福反对汉诺威王室拥有继承英国国王的继承权，原因就在于他认为，我们国家应该远离法国这样信仰天主教且世代专制的政体，因为这是我们首先要战胜的一个敌人。催吐剂对于某些人的健康来说是有好处的，但不可能对一个健康的宪政政府来说也是有好处的，因为这会让整个国家都陷入一人独裁的地步。笛福运用同样讽刺的文字，去描述了托利党人在1708年执政时发生的事情。笛福表示，詹姆斯·爱德华·斯图亚特党人重新掌权的一大好处，就是能够让我们避免与法国人再次爆发战争，也不再需要在信奉天主教的欧洲大陆国家里，继续维持着新教的传统。笛福在这本宣传册里想要表达的观点，相比来说不是那么的明显。通过这些宣传册，笛福想要说明的是，如果女王陛下突然去世，英国政坛就会陷入混乱，那么英国民众的个人财产、他们的不动产、继承权、土地、物品以及自由的生活，都将会遭到严重的损害。但是，笛福在这三本宣传册里，都没有谈到任何可以被解读为支持詹姆斯·爱德华·斯图亚特党人的证据。笛福之所以创作这些宣传册，只是为了支持汉诺威地区选举人的继承权。为什么辉格党人要迫害像笛福这样的作家呢？正如笛福经常抱怨的，辉格党人竟然会惩罚一位为他们自身利益服务的作家，这真是非常奇怪的事情。

不过，事实可能是，虽然笛福后来说服了辉格党领袖，即他所创作这些宣传册，都是为了他们的利益服务，但辉格党人还是认为笛福其实只是在为哈利服务。在乔治亲王准备登基①担任英国国王的时候，

---

① 乔治亲王准备登基，1714年，安妮女王驾崩，没有后嗣。英国议会为了防止身为天主教徒的诸多斯图亚特王朝后裔继位，选出詹姆斯二世的祖父詹姆斯一世的外孙女索菲亚的儿子，新教徒汉诺威选帝侯路德维希继位，称乔治一世。英国汉诺威王朝开始，斯图亚特王朝结束。

辉格党人处心积虑地想要推荐哈利出任首相。当我们认真思考一下辉格党人的打算以及他们所做的个人阴谋，就会明白这到底是怎么一回事。哈利是在玩着一场双面游戏。至于女王陛下的继承者到底是谁，谁也不清楚。因此，哈利想办法让自己置身于一个安全的位置，尽可能不去得罪双方的敌人。当哈利在 1710 年重新掌权的时候，他做出了模糊的姿态，表示希望在公民守则与宗教自由原则的基础之下，能够宽恕一些斯图亚特党人。当有人要求他根据这个计划采取明确的举措时，哈利则指责这些人，说没有必要那么急，并且一再拖延这件事情，直到詹姆斯·爱德华·斯图亚特党人失去了耐心。在此期间，哈利一直都在向汉诺威王室表达着自己的忠诚。哈利对詹姆斯二世党人做出的承诺变得日渐模糊，这似乎表明随着局势的发展，他开始相信，汉诺威王室会最终赢得这场政治斗争的胜利。就英国民众对这些事情的看法而言，没有谁能够比笛福可以给予他更好的建议了。因为笛福此时在全国各地巡游，进行着秘密收集情报的活动，只是为了能够对一般民众观点有直接的了解。直到 1712 年年底，哈利表现出犹豫不决的态度，终于让詹姆斯二世党人完全失去了耐心。此时，笛福创作的反詹姆斯二世党人的宣传册的第一本也出版了。笛福在这本宣传册的署名上，声称这是一位在汉诺威王室工作的英国人所创作的，这也为笛福提出的观点提供了证据。虽然我们必须要坦诚一点，即笛福已经前往了汉诺威地区，并且以自己来代表哈利，表现出对汉诺威王室的忠诚。笛福就曾对我们说，在他的《合理的警告》宣传册里，他就表示这本宣传册会在他的一些贫穷朋友那里传播。哈利希望借用这个事实，作为表明他向汉诺威王朝表明忠诚。无论笛福这些反詹姆斯二世党人的宣传册是否能以这样的方式来为哈利服务，都是值得我们去思考的。不管真正的影响到底如何，笛福的这些宣传册至少从表面上来说，是为了哈利的利益而去创作的。笛福在这些宣传册里所表达出来的讽刺，其实是针对内阁暗地里支持詹姆斯·爱德华·斯图亚特党人的行为。在笛福看来，所有做出这种讽刺行为的人，都是天主教徒、詹姆斯二世党人以及英国的敌人。因为这些讽刺是辉格党人发出的主要呼声。我们现在可以知道，辉格党人发出这样的呼声，也是有一定原因的。我们可以轻易了解笛福所创作的这些宣传册，虽然是反对詹姆斯二世党人的，却仍然是被他们所服务的党派憎恨的原因。后来，笛福表示，他自己从未意识到内阁成员都有一种支持詹姆斯二世党人的倾向，从而为自己找寻借口。笛福认为，虽然内阁成员有这样的倾向，但他们从没有说出一句支持詹姆斯·爱德华·斯图亚特党人的话。笛福认为，内阁成员根本没有理由去支持这些詹姆斯·爱德华·斯图亚特党人。笛福曾说，就他自己而言，他们肯定不会利用他参加任何与詹姆斯二世党人阴谋相关的事情。笛福向他的敌人提出挑战，希望"他们能证明他曾经与任何詹姆斯二世党人存在着任何关系、社会联系、朋友或是进行过任何对话的证据"。笛福表示，自己始终对詹姆斯二世党人违背民众利益的做法极为反感，因此在任何场合下，他都极力避免与这些人进行交流。在做出这样的抗议几个月之内，笛福就收到了辉格党人控制政府的秘密指示，希望编辑一份反对詹姆斯二世党人的报纸。但是，这件事始终都没有真正提上日程。

　　一位具有影响力的辉格党人开始了对笛福的迫害，他将笛福称为"一位对汉诺威王室犯下了不忠的诽谤罪"的文人。虽然，若是根据笛福所创作的那些宣传册内容来看的话，这样的指控是毫无根据的，这点是显而易见的。辉格党手下的那些受雇文人也乐于见到这样的迫害，其中一位作家也为最终能够战胜笛福而感到高兴，希望能够将笛福"再次投入监狱"。在谈到笛福的时候，他将笛福称为"出卖了个人灵魂的最卑鄙作家，不断煽动党派斗争，为了金钱而服务于自己的目的"。但是，当他们想要将笛福带到高等法院进行审判的时候，却发现找不到笛福，因为笛福已经在他位于纽因顿的家里，就像鲁滨孙·克鲁索那样躲藏起来了——那些反对笛福的文人一致表示，笛福的宣传册表现出了叛逆不忠的思想。其中一个文人表示，笛福的这些宣传册具有强烈的讽刺性，因此笛福应该遭受监禁或是绞刑等惩罚，这个理由不是那么容易让人信服的，除非我们认为，动荡的时代，法官与其他人一样，都会那么容易受到党派情感的影响。不过，法官的确有可能会认为笛福这些宣传册的名称，本身就构成了诽谤罪，在民众尚未清楚事情的全部真相时，故意混淆视听，想要造成混乱的危险局面——这就好比一个人在拥挤的戏院里，突然大声地喊叫着火了，所引发出来的恐慌情绪一样。也许，法官在阅读了笛福在《评论》报纸上的文章之后，虽然这个案子仍然悬而未决，但这显然会让他们在判决时采取更加严苛的态度。不管怎么说，笛福还是逃脱了这样的惩罚。检察官奉命去迫害笛福，但在他审判结束的时候，笛福得到了皇室的宽恕。

辉格党人将他们报复的失败归结为他们中的一些变节者。他们利用皇室的御用文人去造谣，说笛福之所以获得皇室的赦免，是因为政府内阁里潜藏着詹姆斯二世党人的余孽——这是非常错误的指控——正如我们之前已经说过的，笛福是受到哈利的指示，为汉诺威王室服务，而不是为詹姆斯二世党人服务。有趣的是，当笛福再次来到高等法院接受审判的时候，那些煽动迫害他的人是托利党人，而政府则是由辉格党人所把控的。笛福再次因为政府的帮忙，逃脱了审判。直到威廉·李十四年前在英国文件办公室里发现了笛福手下的一些信件，我们才终于明白，在安妮女王驾崩的时候，托利党政府的倒台以及哈利推行的缩减政策引发动荡的原因。此时，经验丰富的宣传作家与新闻从业者笛福已经53岁了，准备从纷繁的政治斗争中尽早抽身，决定将余生的时间用于创作让自己流芳千古的小说作品。之前很多创作笛福传记的作者都对笛福的品格进行了错误的判断，低估了他所具有的人生能量。当哈利倒台的时候，笛福希望在辉格党人的帮助下继续服务。为了重新赢得他们的信任，笛福做出了诸多努力。当他真的获得了辉格党人的任命之后，这对他的荣誉其实也没有什么帮助。

在1715年初出版的《呼吁荣誉与正义》（*Appeal to Honour and Justice*）的宣传册里，笛福坚决反驳各种诽谤他是某个党派文人的恶毒指控，并且对自己所做的任何可能引人怀疑的行为进行了解释，宣称自己对最初帮助过自己的恩人哈利充满了感激之情。笛福表示，自从女王陛下驾崩之后，他就一直在绝对安静的环境下寻求庇护。他说，他发现如果他说一句支持汉诺威王室的话，就有可能被很多人再次攻击。因此，他下定决心，再也不参与这些事情了。笛福用悲伤的口吻抱怨说，虽然他下定了这样的决心，在女王驾崩之后没有写过任何一本书，但很多发生的事情还是牵涉到他。在这种情况下，他没有其他办法，只能通过发挥自己的基督教精神，恳求能够获得敌人的宽恕。这是笛福自己的说法，也应该视为笛福的心里话。直到威廉·李对此进行了一番认真的研究，才让我们看到了从哈利内阁倒台之后，笛福的真实经历与他所说的还是有些出入的①。

在女王陛下统治的最后时期，政府内部出现的意见分歧，最终使得托利党人控制的内阁瓦解了。笛福的《商人》报也倒闭了。在此之后，笛福似乎立即与辉格党人创办的《飞邮》报纸的印刷商威廉·赫特进行联系。当时，《邮报》报社的所有人在国外，但他的经理不管是出于个人恩怨还是合理的怀疑，知道赫特正在与一位被他们视为敌人的人进行交流，于是决定更换印刷商。在那个时候，报纸的名称是没有版权的，赫特就联系笛福，要求他再次创办一份与《飞邮》有着同样名称的报纸进行报复，并且进行广告宣传。很多读者发现，新出版的《飞邮》报纸要比过去的报纸更好。正是在笛福的努力下，才让原本的《飞邮》报纸显得比较业余。《飞邮》报纸的所有人表示，这是赫特出于个人的恩怨才这样去做的，并且表示要通过法律手段来打击侵权盗版。于是，笛福再次与法律出现了冲突。他在这份报纸上宣扬的观点，都是支持皇室的。8 月 14 日，这份报纸高调发表了赞美乔治一世的颂词，这样的事实就能反驳笛福之前所说的，他根本不懂奉承的艺术的话。在这篇文章里，笛福将乔治一世描述成一个具有仁慈、美德与能力的国王，是一个"天生善于聆听建议，并且有能力统治全世界的国王"。几天后，另一份《飞邮》报纸则发表了一篇文章，攻击摄政统治时期的一些托利党人，并且表示这些托利党人在乔治一世登基之前，做了很多糟糕的事情。在柏林布洛克子爵②摄政没多久，就派遣

① 在提到威廉·李所做出的这些有价值研究以及发现的时候，我想要表明一点，我很感谢威廉·李耗费苦心发现的这些材料，因为他所找到的这些材料，与我发现的材料是完全不同的。至于我在文章里表现笛福的品格与动机的描述内容，威廉·李是不需要负任何责任的。

② 柏林布洛克子爵（Henry St John, 1st Viscount Bolingbroke, 1678—1751），英国政治家、政府官员、政治哲学家。

安格尔西伯爵①前往爱尔兰。当安格尔西伯爵尚未抵达都柏林的时候，就传来了女王陛下驾崩的消息。他马上返回伦敦，担任摄政公爵。在《飞邮》报纸上，笛福肯定了安格尔西伯爵前往爱尔兰这趟旅程的目的，"就是为了重振那里的军队，特别是对军队里七十名诚实的军官进行提拔，然后让菲普斯上校②这样的人滚蛋，让那些无法胜任本职工作的乌合之众都滚蛋"。当然，这样的指控也有某些真实的成分。君士坦丁·菲普斯爵士至少后来确实被解除了职务。但是，安格尔西爵士则立即采取行动，反对笛福的言论，并将这称为一种诽谤性的行为。因此，笛福遭到了逮捕，被带到法庭上，接受审判。

不过，笛福通过保释获得了自由，虽然他之前说过自己要下定决心，不再参与任何政治斗争，想办法更好地利用自由的时光。他创作了《一年的秘密历史》（*The Secret History of One Year*）——主要谈论的是威廉三世登基之后那一年发生的事情，证明了威廉三世对詹姆斯国王统治时期那个专制政府的余孽表现出来的仁慈，解释了威廉三世为了安抚那些想要获得地位与奖赏之人的心，不得不任用这些人。笛福的这本宣传册所带来的间接影响是非常明显的。10月的时候，高产的笛福再次创作了三本宣传册。第一本宣传册是《给英国民众的建议》（*Advice to the People of England*）。在这本宣传册里，笛福希望民众能够抛弃纷争与党派斗争，像真正善良的基督徒那样，在新国王的统治下好好生活。没过多久，笛福就出版了《内部人员的秘密历史》（*Secret History of the White Staff*）。在最后一本宣传册里，笛福主要描述了他在财政大臣手下工作时所处的环境，谈到了牛津伯爵，并且对他进行了

---

① 安格尔西伯爵（Earl of Anglesey, 1661—1751），英国政治家。

② 菲普斯上校（Constantine Phipps, 1656—1723），英国政治家、律师、政府官员。

一番赞美，证明了牛津伯爵绝对没有与任何詹姆斯二世党人有联系，并且肯定了很多所谓的私下交易其实都是不存在的，表示正是在哈利的建议下，很多员工都要听从于什鲁斯伯里伯爵。人们会愿意将这视为笛福与他那位帮助过他的人之间存在联系的证据。不过，当哈利被关在监狱里等待针对他的叛国罪审判时，却发表了一份免责声明，指出笛福所创作的《秘密历史》以及另一本宣传册《记录牛津伯爵罗伯特行为》都是与他毫无关系的。按照哈利的说法，笛福所创作的宣传册都是在他毫不知情的情况下创作的，也从来没有得到他的任何指示或是鼓励。"与此相反，他完全有理由相信，这些宣传册里的很多段落，都是出于作者本人的想法，想要制造出这样一种偏见。"哈利发表这份免责声明，也许是出于能在法官面前表明自己的清白。不管怎么说，笛福创作的《秘密历史》至少从表面上来说，根本没有通过对任何事实的阐述来突显他的偏见。《呼吁荣誉与正义》是笛福接下来创作的一本宣传册。在创作这本宣传册的时候，笛福突然中风，最后是出版商帮助笛福做出了声明，描述了笛福所处的状况，解释了这本宣传册尚未完成的原因，并且加入了这些话："如果笛福重新恢复健康，他可能就会完成这本宣传册。如果他始终无法恢复健康，那么绝大多数读者也能了解笛福在这本宣传册里所抱怨的事情。笛福在这本宣传册里所提到的一些人，显然是造成他目前身处如此灾难中的原因。"这本《呼吁荣誉与正义》始终没有任何要完成的迹象，当笛福躺在病床上动弹不得的时候，没有展现出任何在短时间内可能康复的迹象，出版商帮他完成了结论部分。在笛福恢复健康之后，他从未试着对这部分的内容进行任何修改。1月的第一周，《呼吁荣誉与正义》这本宣传册就出版了。当月月底，意志坚强的笛福准备创作《秘密历史》的第三部分，并且着手对艾特伯里的《给英国不动产所有者的建议》进行回应，同时谈论即将到来的选举。接着，笛福以教友派<sup>①</sup>信徒的身份，继续创作了一系列宣传册，其中一本宣传册指责非国教徒牧师煽动新政府进行严苛的统治，另一本宣传册则指责萨谢弗雷尔做了伪证，而且表现出了极度的虚伪，第三本宣传册则指责奥尔蒙德公爵煽动詹姆斯二世党人与高教派暴徒。3月，笛福出版了《家族指引》（*Family Instructor*）一书，这是一本有 450 页的较厚著作。7月，笛福创作的《一个苏格兰人为瑞典人服务的历史，关于查理十二世的战争》（*History, by a Scots Gentleman in the Swedish Service, of the Wars of Charles XII*）一书也出版了。

笛福创作的这些册子的数量看似比较多，但总的来说还是没有超过笛福在过去 30 年里每年创作的平均数量。笛福每天都进行着高强度的创作，加上总是处在内心焦虑的状态，难怪上天会让他患上中风，这是自然对他长年累月高强度工作的行为发出的一种抗议。即便是上天见到笛福这样一位始终怀着不可抑制的胜利激情的人去进行创作，肯定也忍不住会暗暗惊叹吧。上面所提到的那些宣传册，都是笛福在获得保释，等待审判期间所创作的。笛福面临的这场审判在 1715 年 7 月举行，最终笛福被判有罪。但是，判决的结果被推迟到下次庭审时公布。10月宣判的时候，笛福没有出庭聆听审判结果。此时，他已经同政府达成了和解，签订了"投降协议"，表示自己不再进行时政方面

---

① 教友派（Quaker），又名贵格会、公谊会，兴起于 17 世纪中期的英国及其美洲殖民地，创立者为乔治·福克斯。"贵格"为英语 Quaker 一词之音译，意为颤抖者，贵格会的特点是没有成文的信经、教义，最初也没有专职的牧师，无圣礼与节日，而是直接依靠圣灵的启示，指导信徒的宗教活动与社会生活，始终具有神秘主义的特色。

内容的创作。笛福私下对首席大法官帕克①表示，他始终会忠于辉格党的利益，而他之前做出任何可能偏离了辉格党利益的行为，都是因为他在判断上出现了失误，而不是缺乏对辉格党的忠诚。至于辉格党领袖是否相信笛福的这番表态，我们无从知晓。但是，辉格党领袖最后同意宽恕"笛福之前犯下的所有过错"，前提是笛福从今往后要忠诚地为辉格党服务。虽然有关汉诺威家族获得王室继承权的事宜得到了全国民众的真诚认同，但是，苏格兰爆发的马尔叛乱以及南部地区民众对这场叛乱持有的同情态度，还是让他们明白不可以轻视敌人。在民众中间还存在着很多涌动的思潮，而不少善于煽动的野心家会借此机会来鼓动民众，从而带来最坏的结果。詹姆斯二世党人仍然控制着一些报纸媒体，过去几年的确发生了不少出动警察镇压煽动者的行为。可以说，迫害镇压已经成为赢得民众同意的最稳妥途径了。因此，笛福仍然展现出一副政府反对者的形象，表达自己对詹姆斯二世党人的同情，从而赢得他们的信任，进而控制他们的出版途径，然后将这样的祸患消除在萌芽之中。笛福所从事的这种工作是非常危险的，需要具有极为丰富的人生经验。倘若他被詹姆斯二世党人有所察觉，或是遭到他们的怀疑与误解，那么笛福就将面临一场可怕的报复。但是，笛福深信自己的智慧，很愿意投身到这场危险的政治阴谋当中去。因此，他勇敢地接受了这项任务。

---

① 大法官帕克（Thomas Parker, 1st Earl of Macclesfield，1666—1732），英国辉格党政治家。

# 第八章
# 后期的新闻评论工作

在这一章节里，关于对笛福人生"充满古怪而有趣"的发现，要归功于威廉·李的努力工作。倘若没有威廉·李对资料的研究并有所发现，我们可能会对笛福的品格产生一定的争议。威廉·李从关于笛福的材料中，发现了很多自相矛盾的内容，然后对此进行研究与探寻，发现了之前很多创作笛福传记的作家都过分按照文件材料去对笛福的品格进行描述的误区，他们过分相信当时那些诽谤笛福的人的话语，认为笛福只是那个时代一个御用文人，认为笛福所创作的很多作品，都是由很多三流作家胡乱创作出来的，然后冠以笛福之名。正如我们所看到的，托利党人所创办的报纸曝光笛福的秘密工作，其实是对笛福有着极大的误解。就这方面来说，没有谁能够比笛福更加了解一切，也没有谁比笛福始终小心翼翼地保守着这些秘密，以至于晚上都无法入睡。在乔治国王统治的第四个年头，内阁发生了改变。汤森德公爵①的内政大臣职位被斯坦霍普爵士②所取代。此时，笛福认为有必要给斯坦霍普爵士的私人秘书德拉·法耶写一封信，详细地解释自己所处的立场。笛福的这封信以及之后的五封信，都是为了避免他的雇主对他产生误解而创作。1864 年，这几封信被存放在国家文件办公室，最后这些信件都落入到威廉·李的手上。下面这封信是笛福在1718 年 4 月 26 日所写的，以下节选其中的部分内容：

　　虽然我相信你肯定认识斯坦霍普爵士，但我非常感谢你们能够接受我继续为国家服务的意愿。爵士也希望对我之前的投降协议是满意的。先生，我必须要向你坦陈一点，很多事情都让我的内心感到非常焦虑，特别是关于我个人的安全状况以及我是否能够继续工作，我担心斯坦霍普爵士会认为我无法更好地为他服务，虽然我始终都非常圆满地完成了自己的工作。

　　因此，我认为，这不仅是我对自己的一个责任，也是对爵士阁下的责任。我要以尽可能简洁清晰的语言去谈论一下，我之前所获得的指示是如何要求我去工作的。简而言之，我所从事的工作，就是要按照上级对我的要求去做。我希望能够得到爵士阁下的恩惠与帮助。

　　在汤森德爵士负责内阁的时候，首席大法官帕克就曾给予我一些帮助，他对我详细地说明自己的情况是感到满意的，虽然我不得不忍受很多人对我的误解。虽然我一开始在坦诚的时候犯了一些错误，但我发自内心地认为，我所做出的坦白是真诚的，我的所作所为是为了

---

① 汤森德公爵（Charles Townshend, 2nd Viscount Townshend, 1674—1738），英国辉格党政治家。
② 斯坦霍普爵士（James Stanhope, 1st Earl Stanhope, 1673—1721），英国政治家、军官。

目前的政府。我怀着极为谦卑的心坦陈一切，我希望自己不会辜负帕克爵士对我的推荐。

在这之后，考虑到我该怎么做才能最大限度地服务于政府，汤森德爵士给我的建议是，我应该以过去的形象展现在世人面前，继续摆出与政府作对的面目，并且与辉格党人脱离关系。可以说，通过隐藏自己的真实身份，我也许会比公开自己的立场能更好地服务政府。我每周都会出版一期报纸，我总是会通过报纸的文章，去反对一份《变化》的丑闻性报纸。之后，我所做的第一件事，就是每个月出版一本名为《商业政治》的期刊。在这期间，《新闻报纸》的写手戴尔去世了，他的继任者是多尔玛，此人因为各种麻烦缠身，而无法正常地履行职责。于是，我就提出接管这份报纸的文稿写作，同时负责这份报纸的管理工作。

通过巴克利，我很快就让汤森德爵士知道了这件事，汤森德爵士还让我知道，我做出的服务应该能够获得一份让我可以接受的报酬。因为这份报纸之前在公众看来是具有强烈偏见性的。因此，要想在之前已经冒犯了很多人的情况下，摆出客观公正的姿态去进行时事评论，这是最为困难的。汤森德爵士通过巴克利之口告诉我，他认为我这样做是有好处的。

于是，我就参与了这份报纸的编写。在那个时候，虽然这份报纸的所有权并不完全属于我，但是，这份报纸的写作风格与内容把关完全是由我负责的。我对汤森德爵士表示，这份报纸原本具有的讽刺特性必须要改变，虽然很多人认为，这份报纸应该继续以吹捧托利党人为主题，这样的话，托利党人就会对此感到满意，而不会想着创立另一份新报纸，我认为，倘若托利党人另起炉灶，就会破坏我们的计划。因此，在这方面，我是完全自作主张的。

这样的情况持续了一年，直到汤森德爵士被解除职务。此时，汤森德爵士利用自己的贵族身份，还是给了我一份任命。关于这件事情，巴克利是知道的，他还承诺，只要我的工作做得好，就会给予我更多的回报。

桑德兰爵士多年来一直对我非常友善。当我背负着秘密使命前往苏格兰的时候，就很高兴能够继续这样的工作，并且得到了一个附加的任命：在桑德兰爵士的认可下，我以外文翻译者的身份为自己伪装，进入了《米斯特》这份周报里面工作，从而能在内部进行秘密的管理活动，同时防止这份报纸的报道出现任何差错。但是，不管是《米斯特》周报还是任何与此相关的人，都丝毫没有察觉到我在背后所做的事情。

但是，我有必要告诉我的爵士阁下，这份期刊并不是我的个人财产，我只是负责管理而已，这两者之间是存在明显区别的。如果在我不知情的情况下，这份报纸发表了任何冒犯你们的文章，或是如果在我的监督下出现了任何失误，那么爵士阁下肯定知道，是否应该指责这位仆人，或是为他提出一些改正的意见。

不过，总的来说，这就是我负责管理《米斯特》《商业政治》等报纸和期刊所带来的结果。这些报纸始终被读者们认为是托利党人的报纸，但我想尽一切办法，确保这些报纸发表的内容，不会对现任政府造成任何不良的影响。


笛福其他几封泄露秘密的信件，详细地告诉我们他与政府之间的关系，表明自己是无罪的。按照他的说法，他之前那样做，完全是为了与政府保持一致而牺牲自己。在其中一封信里，笛福谈到了他曾阻止一份具有叛国性质的宣传册出版，并且恳求他的上级秘书，向他的上级保证，他始终将这份宣传册的原稿保存着，除了他之外，再也没有人见过这本册子。在另一封信里，笛福为《米斯特》期刊里出现的一些"丑陋"的段落而道歉，宣称"在我对此进行了一番详细的调查之后，发现这是米斯特①做的"。表示他无论是从间接还是直接方面，都与发生的这件事没有任何关系。笛福认为自己有义务说出这些真相，从而来证明他之前所说的话，即如果这些报纸出现了任何错误，斯坦霍普爵士肯定会知道他是否应该责备这位仆人，还是应该惩罚这位仆人。在另一封信里，笛福表示，当他听说有一个针对墨菲——这位《商业政治》的印刷商的私人诉讼案件，感到非常惊慌。因为这份报纸上出现了一个段落，解释了两年前出现的一件让人憎恶的事情。最后，笛福私下与对方达成了协议，做出了一笔赔偿。笛福表示，这些事情都是与他没有任何关系的，任何人都无法以这些事情来指控他，因此可以说，他在履行职责方面，没有出现任何失误。在另一封信件里，笛福阐述了他与米斯特达成的一份协议。"我不会在细节方面打扰你，"笛福说，"但是，他接着坦白，他认为自己是错误的，因为政府一直都用宽容与仁慈的方式对待他。他庄重地答应我，再也不会冒犯任何人。巴克利之前所谈到的那种自由，似乎仍然一样，就是要与《飞邮》报纸以及辉格党的那些作家联手，甚至还可以与'辉格党'这个名称联系起来，从而承认他们之前赞美托利党人时所犯下的错误，都是愚蠢与无关紧要的。我对米斯特说了这些事情，他认为拥有自由就已经足够了，并且希望他的报纸在日后能够继续愉悦托利党人，但不能再冒犯政府了。"如果米斯特违背了这一共识，笛福希望上级能够明白，这不是他的过错。笛福只能说，这位印刷商做出的表态

---

① 米斯特（Nathaniel Mist，1685—1737），英国记者、印刷商，《米斯特》期刊创办人。

是真诚的。

根据这样的共识，米斯特今早拿给我一个密封信件。事实上，我很高兴看到这封信，因为信件里的内容是想要公之于众的，却暗地里表达了个人的怨恨。这封信件的内容以偏颇而不公的方式去指责政府，希望通过这篇文章来影响目前的政治局势。米斯特将这封信递给我，是想要表明他的忠诚。我希望他的表现能够让你感到满意。

先生，请允许我谈论一下我当时的处境。因为当时的环境对我来说，是比较艰苦的。当我截获了一篇公然叛国性质的文章的时候，这与我之前阻止出版的那本宣传册一样，都没有做出很大的努力。因为这样的事情是没有多少人愿意掺和的。但是，先生，我想要说服自己，阻止这些臭名昭著的文章出版，这肯定会是件大好事。因为一些人的确是想要为了钱而愿意出版任何东西，如果想要切实阻止这些人出版这类文章，必然会打击他们的积极性，让他们感到失望，最后这些人就会在我们手上彻底失败。

先生，我谈论这些事情以及我之前给你寄去《不要杀害谋杀者》这篇文章时附带的一封信，这封信是米斯特昨天拿给我的。在我看来，我认为这是一封充满着恶意与丑闻性质的信件。要是没有你的命令，我是绝对不会将这封信寄给你的。我必须要坦诚一点，能够阻止这样一封反对国王笔下的信件（同时亵渎着上帝）出版，这是为政府做的一件好事，而这样的信件也绝对不应该刊登在报纸上。

在这一系列信件的最后一封里（时间是1718年6月13日），笛福向他的雇主表明："他相信，在这个时候，报纸的功能不应该是继续反抗或是冒犯政府了，而应该从很多方面为政府服务。为此，他已经让米斯特完全放弃了某些提议，而米斯特也对我表示会对此做出回答。"

按照这几封信提供的线索，威廉·李追溯到了在笛福监管下的《米斯特》期刊的历史。米斯特并没有像他的上司笛福所想的那样，完全选择放弃一些做法。与此相反，他经常会表现出无法动摇的顽固，批准刊登了一些给笛福以及政府带来很多麻烦的文章。不过，在多方势力的角逐中，那个可怜的人总是要承受这一切带来的苦楚。当米斯特屈服于那些詹姆斯二世党人的蛮横要求，或是反对刊登针对辉格党喉舌报纸的文章，笛福就知道，他暗地里控制的这个人，让自己动辄得咎。有时，政府会出于照顾大众情感的考虑站在他们这一边的时候，利用这样的时机对他们进行迫害。另一些时候，笛福威胁要退出，以后再也不和这份期刊存留任何关系。笛福还试过一两次威胁着要这样做。笛福的退出，很快就影响到这份期刊的销量，米斯特恳求笛福快点回来，承诺以后会乖乖听话。除此之外，笛福还表示，自己出于怜悯米斯特的遭遇，在他被关在监狱里的时候，帮他继续管理这份报纸，赢得了米斯特的感恩之情。笛福通过对这份期刊发表过的专栏文章进行精选，结集出版了两卷本《杂录集》。不过，他们最终进行了历时八年的合作，在此期间，米斯特从来都没有怀疑笛福与政府之间存在着什么联系。但是，这个秘密不知怎么竟然泄露出来了。也许，这就像威廉·李后来所解释的那样，米斯特对他的合作伙伴笛福进行残忍攻击的一个重要原因！

当然，笛福立场坚定地站出来反对米斯特的指控，并且出版了一本宣传册，对当时的情形进行了一番感人的阐述，将攻击他的米斯特描述成为一个恩将仇报的可悲之人。笛福表示，他曾帮助米斯特免遭上绞刑架的厄运，并且在他最落魄的时候冒着生命危险去帮助他，现在却使用"卑鄙无耻下流的语言去攻击他，挑衅他，想要挥舞着刀剑面向他的恩人"。笛福的回应，让米斯特毫无还手之力，表示自己让他获得了重生，甚至还请一位医生治疗他的伤口。但这还不够，米斯特给他的回报，有的只是最恶毒的言语攻击。这件事差点动摇了笛福对人性的信念。难道世界上真的还有如此恩将仇报的人吗？最有趣的事情是，威廉·李将这些事情都曝光出来了，我们似乎也能够感受到笛福对"这个缺乏感恩之心的人做出的狂暴行为"，产生一种发自内心的惊讶，认为这肯定是因为米斯特卑劣的本性臆想出来的，认为笛福一直煽动着政府对他进行迫害。也许，我们的确需要像威廉·李这样忠诚的人，将笛福的秘密工作以及公开抗议的事情挖掘出来。否则，这样的记录可能会被很多人认为是不可想象的，从而拒绝接受这样的事实。

威廉·李的调查研究，并没有局限于笛福与米斯特以及他的期刊之间的关系，而且还对笛福在之前写给德拉·法耶的珍贵信件里提到的一些出版物进行了研究。当威廉·李确定了笛福在1715年的时候仍然没有停止进行新闻创作的时候，他立即去收集这个时期的期刊，希望能够找到笛福当时创作的文章以及其他人所写的与他相关的文章。威廉·李研究的热忱让他获得了丰厚的回报。笛福的个性就像黑夜里的萤火虫，始终会被我们看到。任何读者只要对笛福的《评论》报纸仔细研究，并且将这份报纸与那个时代的其他文学作品进行比较的话，就会发现笛福在写作风格以及鲜明的创作手法方面，都具有特殊的技巧，这让我们在辨认他的文章时，并不是那么困难。笛福在论述观点时表现出的那种无与伦比的逻辑性和明晰的说理性，本身就已经出卖了他的身份。因为这样的创作天赋，本身是任何艺术手法都无法刻意去模仿的。当代读者可以很快就发现笛福的多面性，而他们的八卦行为也可以作为强有力的内部证据。虽然威廉·李在引述一些笛福的新闻稿时，显得有点急躁，他肯定也会承认一点：虽然笛福在乔治一世统治期间，所创作的文章数量是如此之多，但笛福创作生涯最高产的时期，还是在他作为记者的时候。对一般人来说，同时为多家报纸期刊供稿，并管理期刊社，这已经是让人吃不消的工作量了。但是，笛福创办了多份报纸，并担任多份报纸的编辑与撰稿人，其中就包括了每月出版的八开本六十四页的期刊《商业政治》、《多尔玛新闻》周刊（笛福负责撰稿，1716年到1718年）、《白厅晚报》（三周出版一次的四开本期刊，1718年创办）、《每日邮报》（这是一份每日出版的单页报纸，创办于1719年）。除此之外，《苹果峰期刊》也是与笛福有关系的（在1720年，笛福开始与这份期刊产生关系，这种关系一直到1726年才终结）。

按照威廉·李的研究，笛福为这些报纸所撰写的文章与稿件，其内容涵盖了非常宽泛的范围，从海盗行为到拦路抢劫，从自杀行为到耶稣的神性等。我认为威廉·李的研究做出了正确的判断。笛福对一位优秀作家的评判标准，是这位作家应该要懂得如何取悦与服务读者，他必须要在创作新闻稿的时候，同时有这两个要实现的目标。无论在《鲁滨孙漂流记》《凤舞红尘》①，还是《家庭教师》等作品里，笛福都是这样做的。威廉·李对笛福在各个主题层面上创作的文章进行

---

① 《凤舞红尘》（*Moll Flanders*），丹尼尔·笛福于1721年创作的小说，讲述奇女子莫尔的一生。莫尔自幼由吉卜赛人收养，14时被一名好心的夫人收留，和夫人的女儿一起读书。同住期间，夫人的大儿子诱奸莫尔，不过莫尔最后却与夫人的小儿子罗宾结婚。罗宾死后莫尔与一名商人再婚，但很快莫尔就跟了一名船长到美国，可惜这名船长竟然是莫尔同父异母的兄弟。回到英国，莫尔先后再与发疯的绅士、银行职员及骗子发生恋情，并生下数名小孩。最终，莫尔决定和骗子杰米一起被流放到美国，两人在美国重新上路，聚集了不少财富，临终前回到英国忏悔一生的罪恶。《鲁滨孙漂流记》一书无女性，而这部著作专写女性。

了认定与分类，这些都可以作为内在的证据。在阐述不同主题的文章里，笛福都展现了他对自己创作的主题有着强烈的兴趣。在为他的读者带来阅读乐趣的同时，他在追求文章精致文雅方面，也没能打破那个时代所具有的局限。在给读者带来指引方面，他也没有落后于那个时代的道德与宗教思想。当我们对笛福在那个时代创作的作品与其他作家的作品进行比较时，就会发现笛福的双手"掌握着一种真正的创作艺术，懂得如何虚构一个故事，然后让世人都相信这个故事是真实的"。关于这方面的例子，笛福列举了《米斯特》期刊上刊登的他的一篇文章，这篇文章主要讲述圣文森特岛被大海吞噬的故事。笛福在这篇故事里对当时自然环境的描写以及自然力量的阐述，充分展现了他的创作能力。不过，笛福不止一次对这份报纸上一些讲述奇怪故事的文章进行润色。无论从哪个方面来看，笛福都是新闻创作艺术方面的能手，也是一位充满创造力的人以及组织者。正如威廉·李所说的，笛福对新闻学的研究让他成为这方面的权威，我们现在的报纸经常说的头条新闻以及新闻简介，都要归功于笛福当时的创新。因为在笛福那个时代，每一期的报纸都要谈论一些多数读者感兴趣的话题，因此就需要尽可能地选择最重要的新闻来报道。而那位创作新闻简介的人，就是我们现在所说的报纸"撰稿人"。

新闻创作的另一个特色，即便不是笛福所发明的，也是笛福大力推广的，就是《社会期刊》。在《评论》报纸上，笛福创办的"丑闻俱乐部"专栏为读者带来了很多乐趣。笛福后来坦诚地说，这个栏目就是他专门负责的。但是，在安妮女王统治期间，整个政治局势非常紧张，因此留给刊登丑闻的空间是不大的，因为他必须要用这个专栏去进行其他举足轻重的政治斗争。不过，当汉诺威王室的继承权得到保证之后，英国政坛暂时从白热化的党派斗争中抽身，此时民众又需要更多有趣的八卦新闻。那么，新闻变得不那么注重政治性了，报纸的发行也慢慢从咖啡馆、旅馆以及酒馆，延伸向更多类型的读者。《苹果峰》期刊的一位撰稿人在1725年写道："最近，很多女性都喜欢上了阅读报纸，特别是那些对政治感兴趣的女性，她们都会在茶桌上阅读报纸。"笛福似乎也在努力将《米斯特》以及《苹果峰》这两份托利党喉舌期刊，打造成适合更多追求茶余饭后谈资的公众阅读的读物。这样的变革，也符合笛福想要削减这些报纸在政治方面的影响力的目的，同时增加报纸的销量。笛福希望将这些代表激烈党派斗争内容的媒体，变成一个专门讲述国内新闻以及发表社会评论的载体，有时可以谈论一些严肃的问题，有时也可以刊登一些轻松愉快的话题，但总的风格必须要是积极与充满活力的。

在笛福创作的诸多长篇小说故事当中，包括《凤舞红尘》与《杰克船长》，都可以从他在《米斯特》以及《苹果峰》上发表的文章里找到一些原始的素材。为了更好地与《苹果峰》特别地联系起来，笛福甚至还与某些特殊人士进行通信。他显然采访过被关在纽盖特的一些臭名昭著的罪犯，然后聆听他们讲述自己的生平故事。笛福将自己收集到的部分材料刊登在《苹果峰》上。当他刊登的这些内容受到读者的热烈欢迎之后，就以更为详细的方式去进行这方面的创作，然后分别以宣传册的形式出版。此时，笛福已经完全掌握了如何更好吹嘘自身创作的能力，无论是就书籍还是期刊而言。我们可能会认为，没有哪个美国编辑拥有像笛福那样如此全面的能力。比方说，没有什么能够阻碍笛福勇敢地将公众的关注力转移到他对拦路抢劫以及杰克·雪柏德的逃亡故事之上。笛福似乎对这位勇敢的逃犯有着特殊的兴趣。事实上，威廉·李找到了相关证据，表明笛福对夏帕德的创作，赢得了夏帕德深深的尊重。显然，笛福也非常珍视与此人的交情。笛福还在《苹果峰》上刊登了杰克寄来的一封信，杰克在这封信中表达了对笛福"友善的爱意"以及他个人所创作的一篇文章。但是，无论是杰克所写的这封信还是他的这篇文章，似乎都出自一位训练有素的文人之手。不过，为了避免大众的怀疑，《苹果峰》在刊登这封信的时候，署名为"出自约翰·夏帕德之手"。接着，笛福就准备创作与杰克相关的激动人心的冒险故事。这些故事当然是杰克在狱中对笛福所说的内容，经过笛福之手进行再创作之后，刊登出来，获得了读者热烈的欢迎。但是，这并不是故事的全部。充满艺术创作细胞的笛福进一步进行相关创作，表示当夏帕德来到执行死刑的地方，站在绞刑架下面时，他仍然能够叫他的一位朋友开来一辆二轮运货马车，然后拿出他的一本作品，发表他临死前的最后一篇演说。关于夏帕德临死前状况的记录，都被收录在这份报纸里。有关夏帕德冒险故事的阐述，充分展现了笛福当年在商业贸易中表现出来的胆识与创造力。

笛福为新闻报纸所做的最后一件事，就是为当时新成立的一份周刊《世界旁观者》（*Universal Spectator*）写了一份计划书。这份周刊是笛福的女婿亨利·巴克①在1728年10月创办的。我们可以找到很多证据和内在的关联，去证明这份计划书是笛福所写。当巴克五年后从这份报纸的编辑岗位上退下来的时候，他就列举了他在担任编辑期间所负责刊登的文章篇目，并且还附上每一篇文章的作者名字。他的这个名单保存下来了。在这个名单上，我们可以看到第一个名字就是笛福，笛福所创作的是一份计划书，并且写了一篇有关成为优秀作家的基础的入门性文章。在新闻报纸方面有着丰富经验的笛福，显然是希望能够给这项工作注入更多的新鲜感。"如果这份报纸，"笛福的第一

---

① 亨利·巴克（Henry Baker，1698—1774），英国自然学家、报人。

句话是这样写的，"并不想刊登太多的公众性内容，那么我们就不应该与那么多的公众领域的写手们进行联系，因为这会影响公众的分辨能力。"在谈到《世界旁观者》创办的使命时，笛福表示，这份周刊应该要重现那种高级周刊文章的风格，赢得早期这类报纸应得的荣誉。在艾迪森与斯蒂尔等人之后，很多人都尝试在新闻写作方面实现这一目标，但都以失败告终。他们的做法后来被刊登一些不那么高雅的通俗文学的方式所取代。笛福本人始终都希望能够跟着大众潮流去走——认为恢复这种大众阅读品位也是需要时间的。而证明《世界旁观者》这份周刊取得成功的一个标志，就是该杂志存续的时间将近二十年。这表明《世界旁观者》周刊始终在经典文学方面做得很好。而笛福认为，有必要去反对很多人做出的那种傲慢的对比。

我们不要让任何人去嫉妒我们所取的这个尊贵周刊的名字，或是说我们这样做是傲慢无礼的，似乎我们让世人产生了极高的期望。除非我们能够以无与伦比的表现去达到全新的高度，否则我们就根本没有高兴的资格。当这些周刊消失之后，难道不会存在任何富有智慧与幽默的色彩吗？难道《旁观者》周刊的精神已经全部丢失，它们所散发出来的影响已经不再影响任何人了吗？难道他们已经说了一切所能说的话吗？难道这个世界没有为我们提供多样化的选择，或是没有为我们提供全新的场景，因为这些都已从我们的生活中消失了吗？还是说，他们之所以消失，是因为他们已经筋疲力尽了，再也没有什么要说的了？

笛福也并不总是以尊重的口吻去谈论《世界周刊》的一些作者。如果有人问他为什么这些作者要离开，他可能会列举出上文最后一句话里提到的理由，然后通过对这些充满学者气息的作家缺乏创作灵感，而发表一番轻蔑的言论，从而支持自己的观点。笛福本人就一直在进行着相关的创作，他从未感觉自己会因为灵感枯竭，乃至江郎才尽而感到困扰，他对于写作的方式也没有任何固定的思维。当然，他有时也会对那些在这方面表现出特殊能力的人，感到有些嫉妒。但是，笛福始终都能找到激发自己去创作的灵感，发表文章希望读者能够以遗憾的心情回首《米斯特》以及《苹果峰》的庸俗，并与早先时期这些期刊的高尚进行对比，然后对这些人的阅读习惯进行一番评论。笛福在他的广告宣传当中所写的文字，就足以让我们了解这些读者的偏见：

我之所以创作这篇文章，主要目的是希望能够让你们的想法从相互倾轧的党派斗争的喧嚣中走出来，因为这样的斗争在这个时代一直存在着，并且显得过分放纵了。因此，你们要重新恢复对真正卓越而崇高的作品的阅读品位。

为了实现这一点，我们想要尽可能地为你们提供这方面的文章，不仅能够让你们的注意力从政治斗争中转移过来，而且还能给你们一些教益。我们希望能够描述一些有趣的对话，帮助人们以更加友善的态度去对待彼此。

至于我们的管理团队，我们是无法承诺更多的。我们只能说，至少，我们希望自己的工作可以为所有人接受，因为如果我们下定决心去做的话，就能慢慢赢得读者的认可，虽然在这个过程中，可能会有一些读者仍然对我们的工作感到不满。

我们希望通过一种消极的方式告诉世人，我们绝对不会参与任何争论，不会陷入党派斗争当中，不会谈论任何丑闻故事，也不会以牺牲某人的利益为代价去满足另一个人的乐趣，我们不会引发人与人之间的争吵。虽然，我们鼓励读者能够通过信件的方式与我们进行真诚的交流，但我们希望读者能够以善意的方式去这样做，因为任何寄来的信件如果包含着个人的指责、干涉别人的家庭事务或是想要制造任何丑闻或是不体面的内容，都不会被刊登出来。

现在已经有太多报纸愿意去做这样的肮脏工作了，因此不需要再多一家报纸继续去这样做。在这个充满着党派斗争、政治动荡与文坛纷争的时代，任何想要进行真诚创作的人，都根本不会沦落到无事可做的境地。而那些想要阅读这些文章的读者，也可以从这些作者的文章中得到乐趣。不过，正如我们之前所说的，我们的观点与立场在上文中已经提过了。


笛福向读者承诺，《世界旁观者》这份周刊会给读者带来优秀的文章。这也让笛福有时会考虑一篇优秀文章的特殊组成部分。或者说："评价一个作者是优秀的，其标准到底是什么？"笛福对优秀作家的定义，是值得我们在此引述的。这也可以视为笛福本人进行创作时的一个原则。


有人说，这是一位文质彬彬的作者；另一个人则说，这是一个优秀的作家。一般来说，我们都会发现不同的读者对一些作者的文章，都有着不同的倾向。不管我们认为他们的这些评价是否正确，他们都会按照自己的标准去评价什么样的作者才算是优秀的。事实上，我必须要原谅读者在这方面所表现出来的自负。因为如果一个糟糕的作者对自己没有很好的评价，特别是为没有读者的想法能与他共鸣而感到沮丧的时候，他是根本无法去创作出任何作品的。是的，他甚至连一个字都写不出来。因此，我们就需要他手上的笔能够再次打磨得锋利一些，这样的话，他就不会在乎这方面的事情。

不管这份周刊将来的命运会怎样，还是让上天去指引它吧。我们也不应该去探究哪位作者写的文章更好一些，或是哪位作者写的文章更差一些。我想要举出一个特殊的标准。通过这个标准，你们能够以客观的眼光去评判，哪些作者才算得上是优秀的作者，而哪些作者算不上是优秀的作者。简而言之，一个优秀作者的品格，无论他通过什么平台发表文章，都可以从这点看出来：他所创作的文章，同时能够让我们感到娱乐，又能给我们带来一些实际的帮助。

如果一些作者只是单纯地想取悦读者，而不是想着为读者提供一些有用的东西，那么他就是一个纯粹的谄媚者与虚伪之人。如果一个作者只是单纯地对读者说教，却不想着去愉悦他们，那么他就会变成一个愤世嫉俗之人与讽刺主义者。前一类的作者会陷入一种圆滑的错误当中，而后一类的作者则会陷入丑闻缠身的境地。当然，后一类作者可能会给这个社会带来一些好处，虽然这些好处可以说是微乎其微的。但是，第一类作者根本没有给这个社会带来任何好处，反而带来了不少坏处。后一类的作者能够激起你内心的愤怒，而前一类作者则会激发你的骄傲情绪。简而言之，阅读这两类作者的文章，对读者来说都是弊大于利的。但是，那些想要成为真正有用的作者，想要为读者服务的作者，并且还想着以一种让读者察觉不到的艺术去愉悦读者的作者，才是我们真正需要的作者。这样的作者能够以最为朴实的文字去阐述真理，能够以赞美的方式去表达美德。这样的作者甚至会对那种以沉闷方式去进行讽刺的行为感到不满。这样的作者总是能在不知不觉当中获得你的好感。因为这些作者的文章能够赢得你的尊重。事实上，这样的作者始终会赢得所有读者的尊重。

这就是我对一个优秀作者的部分定义。我之所以认为，这只是部分的定义，是因为在半页纸的内容里，我是无法将一个优秀作者的全部定义说完的。即便是长篇大论地进行专门阐述，也是很难将优秀作者的全部定义完整地予以界定。优秀作者所拥有的名声需要一个优秀的读者给予恰当的赞美。出于这个理由（这也是一个很好的理由），我不会继续谈论这方面的事情了。

# 第九章
## 笛福的小说创作在他人生中的位置

⚜

　　我知道，不少读者只是将笛福视为一位创作了不少老少咸宜的小说故事的作家，因此当他们看我这部笛福的传记，竟然以如此少的篇幅去谈论笛福在这方面的成就时，请千万不要感到惊讶。毫无疑问，笛福闻名于世的主要原因，就在于他是《鲁滨孙漂流记》一书的作者。但是，关于笛福创作这本小说作品或是其他小说故事方面的事情，我们其实没有什么好说的。笛福创作的艺术技巧是简朴、独特且难以言说的，而他的这部作品实在是太著名了，因此也不需要我们过多地进行阐述。有关笛福人生的很多事情都是读者们所不了解的，却对我们了解笛福这个人有着重要的关系。除此之外，我们也需要知道，小说创作在笛福一生的文学创作中所占据的地位。在笛福去世之后的数百年或是上千年，后人可能都忘记了笛福的名字，但肯定不会忘记《鲁滨孙漂流记》这部作品。对笛福的同时代人来说，笛福出版这部作品，只是他的文学生涯中的一段小小插曲，只是这部作品在笛福在世的时候就已经吸引了不少读者的兴趣。那个时代的读者更加喜欢阅读充满想象力的文学作品，因为笛福会为小孩子创作那些最具幻想性的作品。因为他本人就是一个内心简单、淳朴、坦率与纯真的人。关于笛福的这些性情，不止一个文学历史学家进行过总结了。在笛福那些同时代的人看来，笛福呈现出来的形象可不是这样的。当我们真正了解了笛福的生平以及他所做过的事情之后，就会发现这不能代表笛福的真实形象。除非我们认识到笛福喜欢像一个孩子那样，拿着手上的武器，在英国历史上这段充满着最多阴谋诡计的时代，成为那个最狡猾的阴谋者。

从本质上来说，笛福只是一个新闻写手。他创作了评论那个时代的时事文章，谈论着那个时代里民众最关心的事情。笛福总是能够准确地评判舆论的风向，然后借助这样的风向，让自己那一艘装满着有用货物的船只能够顺利起航，然后按照风向的改变，随时调整自己的航向。如果迪克伯恩案的审判发生在他那个时代，我们肯定会看到笛福用叙述历史的精确手法，将托马斯·卡斯特罗这位被后人称为罗杰爵士的童年以及日后引人入胜的冒险故事全部都写出来。这样的叙述肯定会被当成一个真实的记录流传下来。也许，波特兰监狱里的专制牧师会从犯人的口中听到这样的故事。要是笛福对此进行一番创作的话，那么他的作品肯定会充满着真实性。他肯定会列举很多值得信任的目击证人的证据，让后世之人根本无法对他的说法进行任何质疑。笛福始终都在创作大众读者想要阅读的内容。在他的全部作品里，除了少数一些作品是可以进行文学归类的之外，其余的作品都是按照那个时代的局势发展而专门创作的。每当一个重要人物去世了，或是发生了一些引发公众关注的事情，不管这些事情是否是那些著名人士做的，无论这涉及政客、犯人或是神职人员，笛福都会立即想办法去创作一篇简短的人物介绍。笛福正是在紧急的时刻，才创作出了有关查

鲁滨孙纪念浮雕，位于英国赫尔河畔金斯敦皇后花园

理十二、彼得大帝、帕特库尔伯爵①、什鲁斯伯里公爵②、德·格尔茨男爵③、丹尼尔·威廉姆斯牧师④、海盗之王埃弗里船长⑤、多米尼克·卡图什⑥、罗布·罗伊⑦、乔纳森·怀尔德⑧、杰克·雪柏德⑨、邓肯·坎贝尔等

---

① 帕特库尔伯爵（Johann Patkul，1660—1707），瑞典伯爵、政治家。

② 什鲁斯伯里公爵（Charles Talbot, 1st Duke of Shrewsbury，1660—1718），英国政治家。

③ 德·格尔茨男爵（Baron de Goertz，1668—1719），瑞典外交官。

④ 丹尼尔·威廉姆斯牧师（Daniel Williams，1643—1716），英国神学家、牧师。

⑤ 埃弗里船长（Captain Avery，1653—1699），原名约翰·埃弗里，出生于美洲的普利茅斯，是一位著名海盗。埃弗里在加勒比海一带与其他海盗结成联盟。1695 年，埃弗里与其他海盗袭击了莫卧儿王朝的船只，夺去了巨额财宝，莫卧儿王朝向英国施压，英国发出通缉令通缉埃弗里，但埃弗里得到巴哈马总督的庇护。后来，埃弗里出航到爱尔兰，英国海军闻风赶到，捕捉了埃弗里的同党，但埃弗里已经销声匿迹，自此再没有任何埃弗里的踪影，埃弗里成为少数最终能逃过绞刑的海盗。

⑥ 多米尼克·卡图什（Dominique Cartouche，1693—1721），法国传说中的绿林好汉，专门杀富济贫。

⑦ 罗布·罗伊（Rob Roy），全名罗伯特·罗伊·麦克格雷格（Robert Roy MacGregor，1671—1734），著名的苏格兰高地歹徒。也被誉为苏格兰的罗宾汉。1712 年开始打家劫舍，1722 年被捕，晚年加入天主教。在沃尔特·司各特的小说《罗布·罗伊》中有对其生平的描述。

⑧ 乔纳森·怀尔德（Jonathan Wild，1683—1725），18 世纪，伦敦最有名的罪犯——甚至英国。他发明的手段令他控制了该年代最成功的一帮贼。他控制了出版行业，再加上社会的恐惧，令他成为 18 世纪 20 年代民众最爱戴的人物。可惜当东窗事发，其罪恶揭发时，民众的爱变成了对他的仇恨。他死后，成为赤裸裸的贪污和伪善的符号。

⑨ 杰克·雪柏德（Jack Sheppard，1702—1724），18 世纪早期恶名昭彰的英国强盗、破门盗窃者与小偷。雪柏德生于穷苦人家，跟着木匠做学徒，但于 1723 年，离训练完成仅剩一年多之际，犯下了窃盗与抢劫案。他在 1724 年被拘捕并监禁了五次，但成功逃狱四次，让他成了人人皆知的公众人物，而在低下阶层大受欢迎。最后，雪柏德遭到逮捕、定罪，于泰伯恩处以绞刑，结束了他两年不到的短暂犯罪生涯。

人的备忘录。当牛津伯爵因为叛国罪而接受审判的日期定下来之后，笛福马上发表了一本宣传册《与梅斯纳格先生秘密谈判备忘录》。笛福创作的《瘟疫年纪事》于1721年在法国出版，这本书在英国出版的时候，就引发了很多读者的恐慌。充满创造性思维的笛福之所以会萌生出要创作《鲁滨孙漂流记》这本书，就源于他对亚历山大·塞尔柯克[①]真实冒险的记录。塞尔柯克在胡安·费尔南德斯群岛[②]的一个小岛上孤独地生活了四年时间。这件事在安妮女王统治时期引发了一场轰动。当时的笛福正忙着政治方面的事情，因此没有时间去将这件事情写下来。1719年，当讲述有关海盗在遥远岛屿探险的故事激发了读者的阅读兴趣之后，笛福才开始回想起这件事情。笛福创作了《著名船长辛格尔顿的人生、冒险故事以及海盗生涯》，讲述了辛格尔顿在马达加斯加海岸边登陆，然后从东非一直穿越到西非，经过尼罗河流域，与埃弗里船长一起探险的故事。笛福创作这本书，就是为了满足当时读者阅读的需求。笛福创作的《凤舞红尘》以及《洛克珊娜女士》都是属于这种类型的小说。对笛福来说，创作这样的小说故事，就好比娓娓道来地阐述一个有趣的奇闻逸事。笛福发现，这样的小说故事，

---

① 亚历山大·塞尔柯克（Alexander Selkirk，1676—1721），苏格兰水手，有着丰富的导航经验，是《鲁滨孙漂流记》主角鲁滨孙·克鲁索的原型。从1704年9月到1709年2月，塞尔柯克被留在了荒无人烟的胡安·费尔南德斯群岛的一个小岛上，这个小岛距离智利西海岸超过400英里。1713年，塞尔柯克发表了一篇讲述自己冒险经历的短文。许多人认为丹尼尔·笛福在创作《鲁滨孙漂流记》的过程中，借鉴了塞尔柯克的这段经历。

② 胡安·费尔南德斯群岛（Archipiélago Juan Fernández），南太平洋上的一个火山岛群岛。主要由鲁滨孙·克鲁索岛、马斯阿富埃拉岛和圣克拉拉岛三岛组成。胡安·费尔南德斯群岛的名称来自探险家胡安·费尔南德斯。该群岛也是名作《鲁滨孙漂流记》的故事原型发生地。

会让不同时代从事不同工作的人都相当感兴趣。但是，我们也可以看到，笛福将自己创作的素材归结为很多人的口述以及当时发生的一些事情。笛福将他的《社会期刊》作为考验读者市场的一个试验场。

在笛福接下来的创作生涯里，我们始终都可以看到，他是一个有着商业头脑的人，用一双精明的眼睛审视着当时的读者需求，然后据此进行创作。他鄙视任何为了单纯的艺术创作而进行创作的理念，虽然他与当时其他从事创作的人一样，都希望能够获得永恒的名誉，就好比托马斯·富勒①一样。笛福坦率地承认，他"进行创作，就是为了以一种诚实的方式让自己获得利益"。笛福表示，难道任何人做任何事情，不都怀着为自己利益的目的吗？每当他认为某方面的创作能够带来一些利益，就会不知疲倦地进行创作，将不同形状的"矿石"进行打磨，然后吸引不同类型的购买者。笛福创作的《鲁滨孙漂流记》在出版的时候引发了一场轰动。之后，笛福马上用心创作了这个故事的续集。1706年，笛福发现大众读者对那些讲述超自然的故事有着特殊的爱好。为此，他创作了一个名为《维尔女士所看到的幽灵的真实关系》(*True Relation of the Apparition of One Mrs. Veal*)②。1720年，当他开始创作受人欢迎的算命先生邓肯·坎贝尔的人生故事时——充分发

---

① 托马斯·富勒（Thomas Fuller，1608—1661），英国历史学家、作家、布道师，写有许多历史著作，代表作：《英格兰名人传》《神圣之国》《安德罗斯库》《不列颠教会史》等。

② 威廉·李先生在进行一番研究之后，发现笛福创作这些神秘故事的动机，就是为了促进德林科尔特所创作的一本书《死亡的恐惧》的销量。在这本书里，维尔女士的鬼魂恳求她的朋友们能够认真阅读。这是笛福首次单独以宣传册的形式出版这本书，而丝毫没有提到德林科尔特。直到笛福的这本书印刷四次之后，德林科尔特的那本书才进入了出版流程。除此之外，德林科尔特那本书的销量也没有因为笛福这本宣传册的大获成功而有任何明显的增长。

挥了自己的创造才能，用最为虔诚的方式去将一些最不可信的事实都堆积起来，使之变得真实可信——这次的创作让笛福再次明白，大众读者对这样的传奇故事充满了强烈的阅读兴趣。接着，笛福按照这样的创作思路，创作了《魔术的系统——一种黑色艺术的历史》《显露的无形世界的秘密——一个充满幽灵的世界历史》以及他用幽默的手法创作的《魔鬼的历史》。在《魔鬼的历史》这本书里，他将这与《失乐园》联系起来。艾迪森①在笛福的《世界旁观者》上读到了这方面的内容，然后进行了激烈的批判。笛福曾以书籍或是宣传册的形式谈论了仆人行为方面的事情。当他以更加正式的方式创作了《家庭指引》《英国商业计划》《英国商人全集》以及《英国绅士全集》（笛福没有完成这本书，也没有出版）的时候，他始终都在关注着当时读者最喜欢阅读的书籍类型。

因此，笛福在一般性文学创作过程中，很自然地会转向小说创作。从这方面来看，这与笛福在其他方面的文学创作是没有什么特殊之处的。笛福在这方面的所有创作，包括他的杰作《鲁滨孙漂流记》以及查尔斯·兰姆②称之为"二流小说"的《辛格尔顿船长》③《杰克船长》《凤舞红尘》及《洛克珊娜女士》等作品，都是笛福为了迎合当时的读者需求，而通过收集材料去创作出来的。可以说，笛福的这些小

---

① 艾迪森（Joseph Addison，1672—1719），英国散文家、诗人、剧作家以及政治家。艾迪生的名字在文学史上常常与他的好朋友理查德·斯蒂尔一起被提起，两人最重要的贡献是创办两份著名的杂志《闲谈者》与《旁观者》。

② 查尔斯·兰姆（Charles Lamb，1775—1834），英国诗人、散文家、作家。代表作：《伊利亚随笔》《莎士比亚戏剧故事集》等。

③ 《辛格尔顿船长》（*Captain Singleton*），丹尼尔·笛福的小说，最初出版于1720年。辛格尔顿船长被认为在一定程度上受到了17世纪末英国海盗亨利·埃弗的启发。

说，唯一的新颖之处，就在于他准备这些素材的模式。从以真实名字去创作传记文学，到以虚构的笔名去进行创作，这只需要迈出简单的一步。有时，笛福会被后人称为现实主义小说的开山鼻祖。也许，若是按照现实主义的准确定义去看的话，笛福的这些小说可以说是现实主义的传记。若是我们对笛福公开承认记录事实的方式进行研究，就会发现，笛福从一开始就想着要创作有关想象性英雄生活的作品，因此他肯定不会对"伪造故事或是强加给他们一些现实真理"的做法感到满意，笛福不希望这些在现实生活中有原型的人物在小说故事里表现出一种非现实的状态。在那个时代，使用新闻报道的一些素材去进行那种创作，是不需要有什么顾忌或是法律限制的，不像现在这样，需要严格遵守一定的程序。事实上，公众本身对这方面的新闻并不满意，因为公众想要了解这方面更加详细的内容。当时的新闻报纸并没有在世界各地派驻通讯员，无法让他们的报纸详细地报道某些记者所看到或是听到的事情。此时，公众已经习惯了从报纸、周刊或是一些书籍与宣传册上，去获得与时事相关的消息。这是公众在缺乏获取信息的充分渠道时，去了解最真实信息的唯一办法。在这样的环境下，很多文学创作者去虚构或是修饰这些故事的冲动，肯定会变得难以遏制了。"什么？"那个时代的一位作者说，"如果我们的报纸只能说出事实真相的话，那么我们就无法给你们提供任何新闻了。我们只能尽可能给你们所能找到的信息。"尽管如此，当时的公众与现在的公众一样，想要了解的是事情的真相，而不是虚假的谎言。因此，这就让证实这些报道的真实性变得尤为重要了。在当时，没有谁比笛福更加勇敢地站出来谴责那些缺乏原则的新闻作者，也没有哪一位新闻作者能够像笛福那样，敢于保证自己所发表的文章的真实性。当一则新闻传到英国，说圣文森特岛①已经被大海所淹没，笛福马上对这场灾难进行了详细的描述，表示这是"自上帝创造世界以来，或者说是自从大洪水以来，人类遭受的一场最严重的灾难"。笛福通过下面的描述来为自己报道的真实性打包票：

我们对这件事的描述，源自多方面的人手与生活在不同地方的人传来的信息，否则我们无法在这篇文章里，如此详细地描述发生在不同地方的事情。当我们完成了这些工作之后，或是想要去创作这方面的文章时，我们知道倘若单纯地列举出一个消息源，这肯定会让整个故事遭到读者的质疑，世人也无法真正了解到真实的信息。因此，我们认为有必要以一种合集的方式去阐述这件让人震惊的事情，尽可能以最详细的资料去将这件事情描述出来。在我们叙述结尾的地方，我们会对出现这场可怕自然灾难的原因进行一番合理的猜测。

笛福就是列举出多方面的消息源头，将这些消息源头写在宣传册或是书籍里面，从而为自己报道的真实性作保证。当然，笛福知道，他所列举出来的消息源都是自己虚构出来的，但他也知道，大众读者对这些事情的关注度很快就会消失的。威廉·李将《查理十二的战争历史》（*The History of the Wars of Charles XII*）这本宣传册的作者说成是笛福，表示"这是一位为瑞典服务的苏格兰绅士所创作的"。而对帕特库尔伯爵的人生与死亡进行简短的描述，这是"那位在帕特库尔伯爵人生的最后阶段，帮助过他的路德派牧师所创作的，这位牧师还按

---

① 圣文森特岛（Saint Vincent），圣文森特和格林纳丁斯的火山岛，位于加勒比海，属于向风群岛的一部分，长29公里、宽18公里，面积345平方公里，最高点海拔高度1233米。

照高地荷兰语的手稿进行了一番忠实的翻译"。有关梅斯纳格的细节谈判内容，则是"由他本人所创作的"，并且是"在法国完成的"。笛福知道，如果公众认为这些事情都是真实的，他们会怀着更为强烈的欲望进行阅读，因此，笛福就将这些宣传册或是书籍的作者，写成是具有一定地位的人，从而赢得读者的信任。毫无疑问，笛福那丰富的想象力，并不是单纯用在书名上的。不过，既然笛福有那么多著名人物可以作为他创作的主题，并且熟悉那么多公众感到好奇的人，他反而去创作那些虚构的英雄与女英雄的冒险故事呢？我们只能认为，笛福是想要在纯粹的文学创作中拥有更大的自由。笛福创作了《鲁滨孙漂流记》这本充满冒险的小说，这本小说取得了巨大的成功。接着，他继续重复创作这种类型的小说故事。不过，在《鲁滨孙漂流记》一书取得成功之后，他也完全没有理由放弃过去的创作领域。正是在完成了《鲁滨孙漂流记》之后，笛福开始创作当时臭名昭著的小偷与海盗的传记故事。在笛福对真实或是虚构的英雄事迹的记录当中，始终使用着相同的方式去确保故事的真实性。在这方面的创作中，笛福理所当然地认为，读者首先会提出的问题是，这个故事本身是否真实。我们必须要记住一点，当时的小说创作仍处在初期阶段。正如我们所看到的，笛福要是想不到任何好的理由去证明这些故事的真实性，那么他的读者可能就会认为笛福只是纯粹在说一个有趣的故事而已。

为了能够创作出满足那个时代读者阅读需求的作品，笛福找到了创作出能够保证读者感到愉悦的稳妥方法。不过，如果他从未创作过《鲁滨孙漂流记》，那么笛福在目前的英国文学历史上，肯定是一个不起眼的角色。正如笛福曾幽默地说，他"那简朴的创作手法具有天生不足的特性"，这些作品可能只会吸引一些懵懂的人去阅读，但肯定很快就会被世人所遗忘。但是，笛福与那些受人尊重的作家们形成的行业协会为敌，反对他们的创作。而这些作家协会的人则将笛福贬低为一个没有文化的家伙，一个庸俗的文学商贩，对笛福极尽鄙视之能事。当然，笛福也总是嘲讽这些人有着伪装出来的高尚。但是，笛福这样的反驳声，很快就会被汹涌的斥责浪潮所淹没，因为那帮人联合起来，对他进行持续的攻击。可以说，笛福创作的大部分作品都没有受到当时著名人士的赞美，而是被很多人视为都是一些随波逐流的作品。无论笛福创作出什么作品，都会遭受这些人强烈的鄙视或是冷漠的对待。可以说，《鲁滨孙漂流记》是笛福唯一的救生衣。

要是我们认为笛福创作的《鲁滨孙漂流记》一书所具有的生命力，完全只是一个幸运的巧合，同时认为他的其他作品也应该有相同的生命力，那么我们就错了。《鲁滨孙漂流记》之所以具有如此长久的生命力，因为这本书本身具有长盛不衰的魅力，因为这本书设置的场景是超越了人类所生活的时空，并且在一个与世隔绝的环境下存在。在笛福创作的众多小说故事里，这是唯一一本能够展现出笛福拥有艺术家才能的作品。我们可能听其他人说，笛福是一位有着伟大天赋的艺术家。在此，我们可能已经明白，笛福创作出来的作品就是他自身天赋的最好证明。他的《凤舞红尘》在某些方面甚至是一部比《鲁滨孙漂流记》更加优秀的作品。莫尔这个人物的形象要比那个来自约克郡的头脑简单、思想开放的水手鲁滨孙更加复杂。可以说，莫尔是一个有着个人能力、冲动、自私以及慷慨精神的人——简而言之，她是一个彻底堕落的女人，而她之所以堕落，完全是由于环境的影响所导致的。当我们认真研究到底是什么让她变成一个善于利用人性弱点、懂得策划老谋深算的阴谋以及各种让她失去慷慨本能的自私想法的人之后，就会对她表现出来的那种魔鬼般的勇气、无法控制的恐慌情感以及对自身行为的幽默感有所感触，会对她无论取得成功还是失败，都同样报以哈哈大笑。笛福所刻画的这个人物形象已经超过了单纯的行动本身，刻画出了一个比鲁滨孙更加深刻的人物形象。事实上，这是一本让人产生排斥情感的作品，但这并不是这本书相对不为人知的唯一原因，现在几乎被世人所完全遗忘了。事实上，这本书在描述人物为了生存而挣扎上，并没有在结构层面上做得更好。任何作品要是没有一个坚固的结构，同时没有一个无法消逝的核心人生原则，那么这样的作品肯定会被世人所遗忘的。任何优秀的作品必然要有一个主角以及配角，这些配角必须要以合理的方式去衬托出主角的形象，否则主角的形象就有可能被配角的光芒所掩盖。要是我们拿《凤舞红尘》与《鲁滨孙漂流记》进行一番对比，就会发现《凤舞红尘》只是将一系列有趣的事情集合起来，这可以说是最低级的小说创作结构了。虽然这本书的内容是比较新颖有趣的，但这不足以让其与其他书籍展开强有力的竞争，从而吸引世人的注意。事实上，我们也找不到出于任何独特的创造性目标，去将这些故事串联起来。这些故事的内容也许是零碎的，但每一个故事本身是非常有趣的。女主人公道德逐渐崩塌的过程，就是这本书的核心内容。这样的核心思想，对于从事文学艺术创作的人来说实在是太单薄了，而笛福在很多层面上表现出来的点，都是在缺乏成型的体系下去做的。但在《鲁滨孙漂流记》一书里，我们却能感受到笛福那充满智慧的艺术才华，感受到笛福在构思这个故事的时候，是有一个核心的思想的，那就是讲述一个人漂流到一座荒岛之后，无法依靠任何人的帮助或是建议，只能自力更生。这样主题的作品，只要人类生活的不确定性仍然存在，那就依然拥有生命的活力。

笛福的《鲁滨孙漂流记》一书的灵感，源于亚历山大·塞尔柯克在一座荒岛上独自生活数年时间的经历。当时，这件事引发了不小的轰动，但很多作者都是以一种漫不经心的态度去看待这件事的。直到这件事最后深深刻在笛福的脑海里，让他充分发挥自己的文学潜能去进行创作。在那个时代，笛福也许是唯一一个置身于荒岛之上，却不会感到惊慌的人。对笛福来说，充分发挥自己的想象力去设计故事的情节，这对他不是一件非常困难的事情，但这样的想象力对任何作家来说都是非常罕见的才华。相比于单纯构思一个置身于这样场景下的人应该怎么做，以更加真实的方式去呈现出这一切，显然更考验创作者的功力。除此之外，笛福必须要刻画出鲁滨孙在岛上经历不期而遇的各种事情时感到的困惑，而这样的困惑与权宜的解决办法，都必须要是真实与充满生命力的。当我们讲述这个故事情节的时候，也不会觉得书中的内容有任何的突兀之处。不管那件真实发生的事情给了他多大的灵感，要想创作出这本杰作，都需要一种必不可少的天赋，这种天赋就是按照情景去设置情节的天赋——这是一种非常高等的天赋，也许这与其他智慧层面上的奇迹都是一样罕见的[1]。

笛福在创作《鲁滨孙漂流记》一书的时候，已经 58 岁了。如果说创作出这个让人信服的故事情节就已经是创作艺术的伟大秘密的话，那么倘若我们知道这是笛福第一次进行这方面的创作时，肯定会感到无比的惊讶。特别是笛福竟然是在如此大的年龄时去进行创作，更是会觉得不可思议。当我们观察任何一位在某方面有着特殊成就的人，一般都会发现此人一辈子都在做着相同的一件事。要是我们说笛福在

---

[1] 在我看来，莱斯利·斯蒂芬（Leslie Stephen，1832—1904，英国作家、批评家、历史学家、传记作者和登山家。是弗吉尼亚·伍尔夫和瓦妮莎·贝尔的父亲）先生在他所写的关于笛福的《图书馆的数小时》的评论文章里，似乎低估了笛福的这种天赋。

这方面有着特殊的天赋，这就意味着他之前已经为此进行了诸多的训练，并且将他的主要精力都投入其中。然后，他就是纯粹受到身体本能的驱使去做。事实上，笛福这种根据情景去进行创造发明的能力，以及他在"以虚构去代替真实"方面的能力，都是经过长时间的训练而培养出来的。多年来，写作就一直是笛福的主要工作。从他第一次与哈利产生联系以来，他就通过新闻报纸的方式面向国民发表自己的观点与立场，并且通过出版宣传册的方式，虚构出了很多人物去表达自己的观点。笛福第一次发表这方面的文章，是在 1704 年。当时，他刚刚出狱，准备为政府服务。当时的他希望能够得到政府的怜悯，因为他之前的行为让政府感到不满。此时，笛福充分发挥自己的写作天赋，创作了很多让政府感到满意的文章。在笛福的《评论》报纸上，有很多文章都是笛福根据当时的政治环境而创作出来的。而在为政府从事了十年秘密工作的这一事实以及很多人不相信他的大背景下，笛福仍然能够在为托利党人服务了十年之后，继续为辉格党人的政府服务，这就证明了现实生活中的笛福，所具有的那种创造性说服能力，要比他在小说中的创造性能力更加厉害。

若是我们研究一下笛福的私人生活，就不难理解他特别享受解决在创作《鲁滨孙漂流记》一书时遇到的各种困难。事实上，笛福之前度过的人生就是一种充满风险的人生，经常会处在悬崖边，而他似乎总是能够以旺盛的精力，以一种神奇的方式去将自己从毁灭中拯救出来。正如笛福在一份恳求得到怜悯的外交辞令里所说的：

从未有人像我这样，曾经经历过十三次的人生坎坷，

这一切都与我是富有或是贫穷没有任何关系。

不过，当笛福创作《鲁滨孙漂流记》的时候，这其实是他人生中为数不多能够真正把握的机会。对他来说，这也不是一个无法真正实现愿望的机会，因为他感觉自己真的就像置身于一个荒无人烟的岛屿上。我们可以从他写给德拉·法耶的信件里，看到笛福当时多么害怕政府以他在从事秘密工作犯错为理由，对他进行惩罚。笛福深知，执政党的更替，很可能会让他处于一个遭人怀疑的境地。笛福知道，只要他稍微走错一步，或是说出一句让人误解的话，那么他就有可能遭遇灭顶之灾。如果政府因为他写了任何冒犯的文章而对他进行迫害，拒绝承认他的文章是为了取悦托利党人，那么他很容易就会遭受刑罚。笛福在新闻界已经有太多的敌人了，因此当他遭受政府迫害的时候，肯定不会有人为他发声。任何人都不会出面干预，去拯救政府的一位间谍。当笛福审视着自己未知的命运时，他仿佛感觉到发生在新印度群岛的船难，对他来说也仅仅是咫尺之遥而已。因此，他已经做好了面对最危险境地的准备。当他在《凤舞红尘》一书里写到莫尔以及她的丈夫列举出他们在外国重新开始生活所需要的东西时，或是当他写到杰克船长管理弗吉尼亚种植园的时候，就可以发现这样的主题始终唤起他的好奇心。当他充分发挥想象力去描述鲁滨孙的命运时，他其实就是在思考着自己的命运之轮到底会转向何方。

不管是什么让笛福的脑海里萌生了要创作《鲁滨孙漂流记》一书的念头，笛福都是以艺术家的姿态去进行创作。笛福是一个在创作过程中容易受到个人情感影响的人，因此他在描述鲁滨孙这位水手的情感方面显得尤为细致与详细，将鲁滨孙在面临各种不同艰难环境的画面都生动地呈现出来。笛福在这本书展现出来的情感，要超越他时刻变化的情绪，让我们对那位置身于荒岛之中、面临绝境的鲁滨孙产生一种怜悯与伤感的情绪。事实上，笛福创作这本书是想要表达另一种思想。他所刻画的鲁滨孙这个人物形象，并不是一个喜欢沉浸在悲伤当中的人。如果鲁滨孙置身于荒岛之上，选择自暴自弃，那么他的人生就完蛋了。也许，笛福从来没有想过运用自己丰富的想象力去表现出一种对船难受害者的怜悯之心。至少在这本书里，笛福没有展现出这方面的事实。但是，如果他让鲁滨孙做出哀叹自己命运的事情，或是沉浸在自身的恐惧情感当中，或是用奥西恩的夸张风格去表现出他对失去朋友与同伴的伤心之情，那么笛福肯定会毁掉这个人物形象的合理性。在荒岛上的鲁滨孙有过感到恐慌与沮丧的时刻，但这些恐慌与沮丧的时刻并没有长时间占据他的心灵。毫无疑问，笛福在创作的时候，始终遵循着个人的自然天赋。与此同时，笛福将鲁滨孙对过去美好的回忆局限在一个很小的范围，然后努力让他从这样恶劣的环境中抽身出来，的确是展现出了他的艺术创作能力。这样的创作主题让他感到着迷，他有足够的能力去构思鲁滨孙在那样的场景下可能遇到的事情，正如他在创作其他小说故事时一样。《鲁滨孙漂流记》一书里的那些有趣的章节，会让读者感受到这个故事的真实性。

不过，当充满创造力的笛福以艺术的手法完成了这个故事的创作之后，让我们感受到鲁滨孙在这个过程中感受到的焦虑不安、做出的各种努力，展现出鲁滨孙战胜了各种困难，想尽一切办法与外面的世界产生联系。作为文学创作领域内的"商人"，笛福是绝对不可能让鲁滨孙在那座荒岛上终老的。《鲁滨孙漂流记》作为一部艺术作品，最终以鲁滨孙离开了那座小岛结束，或者说以他重返英国作为最后的结局。在笛福看来，只有这样，此书的创作才是具有完整的统一性。在《鲁滨孙漂流记》一书出版之后，马上受到读者的热烈欢迎。作为有着敏锐商业嗅觉的笛福，马上意识到自己可以大赚一笔。笛福根本不在乎那些对他冷嘲热讽的评论家。这些评论家表示，笛福的这本书在故事阐述方面是表里不一的。他们甚至还举出了一些例子，说鲁滨孙遭遇船难的时候，怎么可能在穿着一件装满了饼干的衣服的情况下，游到那座小岛上的呢？当鲁滨孙拥有了那座船上的物品之后，他又怎么可能会因为他的那件衣服被海浪冲走而感到沮丧呢？在一个伸手不见五指的黑暗山洞里，鲁滨孙是怎么见到那只山羊的眼睛的呢？那些西班牙人又怎么可能会同意让星期五的父亲去写字呢？因为他们当时既没有纸又没有墨水。星期五怎么可能那么快就熟悉黑熊的生活习惯，并且知道西印度群岛上没有黑熊的存在呢？在提出了这些关于琐碎问题的质疑之后，一位评论家表示，笛福的这本书纯粹是为了满足那些乌合之众的阅读兴趣而创作的，在任何理智的读者眼中都是无比荒诞的，并且表示"只有那些底层的低俗之人才会对这本毫无艺术价值的书感兴趣"。我们可以想象，笛福并不会因为受到这些非难而有任何的动摇，因为大众读者对这本书的需求持续高涨。笛福在这本书再版的时候，修正了一两处不精确的细节，接着去创作这本书的续集。笛福创作的续集是关于鲁滨孙在冒险期间所进行的严肃的反思。可以说，笛福之所以要进行续集的创作，完全是出于商业利益的驱动。笛福的这部续集在那个时候也同样卖得很好。但是，那些想要通过阅读续集来跟随鲁滨孙再次前往那座岛屿的读者，都会一致认为，这个续集的水平要远远低于第一本。现在，几乎没有人会阅读笛福创作的这本续集《严肃的反思》。

不过，《严肃的反思》这部作品因为与笛福的个人经历存在着非常密切的关系，因此也是值得笛福的研究者去读一读的。在这部续集的前言里，笛福表示，《鲁滨孙漂流记》只是一个寓言故事。在其中的一个章节里，笛福解释了为什么这是一个寓言故事。笛福表示，他之所以对此进行解释，就是想要反驳那些信口雌黄的人。笛福表示，他进行这样的解释，就是为了告诉世人，他创作这本书的本意绝对不是要说谎，也从来没有为了实现任何邪恶的目标而故意制造谬误。在笛福看来，他在创作过程中，绝对没有犯下这方面的错误。但是，他有责任去谴责犯下的一些小错误，比如说给大众读者创作了一个只是为了愉悦他们的故事。"这是一个我虚构出来的故事，"笛福说，"这当然是犯下了一种具有严重丑闻性质的罪恶，但是这本身其实是没有什么关系的。这样的欺骗只是在我们的内心世界里留下一个洞，之后我们就会养成说谎的习惯。这样的人肯定会认为，别人所说的一切都是虚假的，别人说的一切都是琐碎的，或是认为一切事情都是无足轻重的，而根本不去想办法分辨这些故事本身是真实还是虚假的。"在笛福看来，很多人都在良知的巨大代价下去追求真理，然后却对真理做出不敬的行为，这是心灵多么空虚的表现啊。在笛福看来，这样所谓的"犯罪"完全是没有任何目标性的。事实上，我们都可以说，任何一个说谎的人，都是希望能够从说谎的行为中得到一些好处。但是，倘若我们为了娱乐性而去说谎，这就好比在你的灵魂世界里踢毽子，让你的良知背负沉重的负担，让你变成一个傻瓜。"我应该以怎样的心态去对这些人说话呢？我该说些什么，才能将这些人的卑鄙无耻嘴脸展现出来呢？"当笛福对这些吹毛求疵的评论家进行一番反驳之后，他在这本作品里展现出来的幽默，肯定会受到他那些新闻同事的喜欢。笛福期待着他的读者会提出疑问，如果他们真的不喜欢这样的虚构故事，为什么这本书还会卖得那么好呢？笛福的回答是，《鲁滨孙漂流记》这本书是一个寓言故事，讲一个寓言故事或是创作一个寓言故事之间，完全是两回事。"我，鲁滨孙，在这里肯定这个故事的真实性。虽然这个故事具有寓言性质，但这个故事也是具有历史性质的。这个故事以充满美感的方式，展现出了人类在遭遇极端不幸的情况下，仍然能够怀着乐观与自信去面对任何挑战。"事实上，鲁滨孙的人生也代表着笛福的人生。笛福就曾详细地对这个寓言故事进行了一番解读：

因此，当鲁滨孙在荒岛上发现了一个男人的脚印之后，他的内心既感到惊恐又充满了好奇。当他见到了山羊，也是感到万分惊讶。当他感觉到有东西在他的床上摇来摇去的时候，他吓得瞬间跳了起来。这些都是在讲述一个真实的故事。当然，这也像是一个梦中的信使给他传递出来的信号。我对海浪冲刷这个小岛的方式进行了描述，对船上着火的情形进行了描述，描述了鲁滨孙感到饥饿时的情形以及对星期五进行的描述。除此之外，我还对自然环境进行了一番描述，然后让鲁滨孙对此进行宗教层面上的一番反思。所有这些都是忠于事实的。可以说，这些都是最为真实的，就好比一只不断叫我名字的鹦鹉。星期五一开始是一个野蛮人，后来变成了一个基督徒。他被人用武力逼迫来到了我身边，最后死在那些俘虏他的人手上。我在进行这样的描述时，都是完全基于事实去做的。难道我还要去找寻更多还活着的目击证人，才能证明这个故事的真实性吗？对鲁滨孙来说，星期五给予他的帮助，让他能够在真正的孤独或是灾难来临的时候，感受到一阵暖意。

关于躲在丛林里的黑熊故事，以及在大雪中与狼群进行搏斗的场景，这些都是真实的故事。简而言之，鲁滨孙的冒险故事就是一部人类在最恶劣、孤独与痛苦的环境下生存二十八年的故事。我这辈子见过太多传奇的事情了。在面临狂风暴雨的时候，我还要与最残酷的野蛮人或是食人族进行斗争，还要遭遇难以计数的让我的内心惊颤的事情。也许，是上天赐给我的奇迹，让我能够从这样的暴力与压迫中解放出来，从任何人的指责、鄙视以及邪恶的攻击中挣脱出来。我在人生的命运旅途上，经历了太多的起起落落。我的遭遇要比土耳其人的奴隶更加悲惨，最后通过处心积虑的方式终于逃离。正如在佐立的故事里，萨莱的那艘船经过了这座荒岛，这燃起了我对人生的希望。我见过了太多的船难，虽然陆地上的人们遭遇的"灾难"要比大海里更多。简而言之，在任何虚构的故事里，都没有一个场景能够与这个真实的故事如此吻合。任何对此提出指责的人，都可以用严苛的目光去审视鲁滨孙无与伦比的人生。

但是，如果笛福真的对严格意义上的事实有如此强烈的追求，为什么他不去讲述自己的个人历史呢？为什么他要以寓言的隐喻方式去进行阐述呢？笛福从来都没有对这样的问题进行过回答。他创作这本书，希望能够给人类带来一些心灵的启发，希望能够宣扬"哪怕是在最艰苦的环境下，人类都应该怀着不可战胜的耐心，怀着不屈不挠的意志，以坚定的决心去战胜这样的环境"。

要是按照某人的个人经历去进行创作，那么我所描述的人物形象都是你们所熟悉的，那么我所阐述的不幸遭遇或是表现出来的软弱，都可能会被你们以不公平的方式去进行对待。我只能说的是，倘若以那样的方式去进行创作，那么这样的作品可能不会有一个读者愿意去读，也不会吸引任何人关注的目光。而创作这些作品的人，将在自己的国家里没有任何荣誉可言。

虽然笛福始终宣称，《鲁滨孙漂流记》是他人生的一个展现，但若我们严格按照笛福说的话去进行理解，这是非常轻率的。我认为，若是读者对这本书的脉络去进行研究，然后根据笛福人生的编年史去进行对比，那么这些读者就会与我一样，都会认为这是一场徒劳无功的努力。当然，笛福的说法还是有一些对应之处的。毫无疑问，笛福的人生与鲁滨孙的人生一样，都在教育我们要有不可战胜的耐心以及不屈不挠的斗志。也许，鲁滨孙所遭遇的船难对应着笛福第一次经商破产的经历，这在时间点上是对得上的，都是发生在他们28岁之前。如果笛福的身边真的有一个像星期五这样的人，并且能够学习他的创作能力，最终像他这样去进行创作，那么他也许就能解释笛福作为一个作家如此高产的原因了。但是，我对笛福所说的寓言故事是否能够进行如此细致的分析是持怀疑态度的。笛福所具有的强大想象力，会让他迅速对任何故事赋予寓言层面上的意义。笛福可能在《凤舞红尘》里的莫尔·弗兰德斯所经历的五次婚姻以及最终沦落为娼妓的遭遇，与他之后五次在政治上的起落以及遭受别人的怀疑进行类比。事实上，这样的类比在某种层面上，要比笛福与那位遭遇船难的水手之间的类比更加真实。我们将《鲁滨孙漂流记》一书称为一个寓言故事，这完全有可能是事后之明。也许，这是某位想要讽刺笛福的人，创作了《伦敦的长袜商丹尼尔·笛福奇妙而惊险的人生，独自在大不列颠这座无人居住的小岛生活的故事》所引发出来的。

如果我们将笛福的任何作品与他创作这些作品时所处的环境联系起来的话，就会发现笛福想要表达的意思是多方面的，就像一个轮轴上的辐条一样。笛福在《鲁滨孙漂流记》的续集里创作了补充性道德章节，虽然这样的反思本身是值得尊重的，但这必然会让人将鲁滨孙这位英雄的人生与笛福联系起来，让我们将笛福当时所处的环境与地位联系起来。事实上，将这部作品称为一个寓言故事，这能够从两方面给予笛福好处。一方面，通过给读者制造谜团与悬念，来引起他们对这个故事的兴趣。虽然笛福后来解释说："这个谜团现在解开了，聪明的读者可能早就看清楚了这本书的结局以及作者的良苦用心。"另一方面，将这本书称为寓言故事，能够让读者将鲁滨孙的人物形象等同于笛福的个人形象，这也是笛福希望读者所得到的阅读感受。正如我们所看到的，当他为多届政府从事着秘密活动的时候，仍然在努力争取着个人的独立性，曾表示让上天与大地作证，他是一个在苦苦挣扎、遭遇不幸与苦苦算计的可怜之人。对笛福来说，读者相信他处在辉格党人极端的迫害状况下，仍然暗地里为托利党人的报纸进行着危险的工作是多么不容易。笛福想要说服读者，他遭遇了这个世界上最大的不幸，从而进一步展现出个人的诚实。《严肃的反思》主要包括了在遭遇困境的时候，对神的旨意进行沉思，然后得出了诚实做事是最为重要的结论。笛福是借鲁滨孙之口说出这些话的，但他一再告诫读者，这些事情也是作者本人在现实生活中的真实感悟。笛福非常在乎公众对他的评价，因此他从来不会宣称自己曾经偏离过美德的道路。相反，他暗示自己曾经做过真诚的悔改，现在已经洗心革面了。"之前野蛮而邪恶的鲁滨孙，从未想过要假装以诚实的方式去对待自己。"笛福深刻认识到自己早年犯下的错误。要是笛福不这样做，那么他就只能以错误的方式展现愚蠢的勇敢。"懦弱是最为耻辱的。只有那些具有最勇敢精神的人才有机会得到救赎。那些真正诚实的人，必须要有敢于承认自己是骗子的勇气。"但是，正如那些久病成医的人一样，笛福也有资格去给别人一些建议，因为他深信自己之前犯下的错误是罪恶与愚蠢的，所以他不希望任何人继续重复他的错误。在笛福的处事方式上，缺乏勇气绝对不是他的特征。因此，笛福勇敢地描述了不诚实的一种特殊形式。当笛福进行这方面的描述时，就在不知不觉中谈到了米斯特的行为。

有一个丑陋的词语叫作狡猾。狡猾与诚实刚好是相反的意思。狡猾之人往往会隐藏一些事情，不让我们去知道，并且故意让我们难以发现。很多人错误地认为，狡猾也是诚实的一种表现方式，并且将这样的想法带到社会上。我听说一些人喜欢狂野的诚实。在这样的人看来，他们喜欢以这样的方式去面对朋友以及从事各种交易活动。他们认为，这才是真正有用的行为方式。但是，他们始终会因为这种狂野的诚实而失去信用，而且失去信用还不是他们所面临的最糟糕后果。因为他们根本不知道自己要真正与谁打交道，不知道该如何就一件伪造的商品进行讨价还价。我们可以发现，很多欺骗别人的人仍然在摆出受害者的姿态，宣称这个世界没有真实的朋友，用尖锐与不满的态度去看待世界上那些普通人正常的交易活动。

正如培根所说的，任何进行创作的艺术大师，都必然会在他们的作品里展现出个人的痕迹。谁会怀疑那些道德家通过暴露或是抱怨罪恶，从而去隐藏他们想要避免世人知道的罪恶呢？笛福的《严肃的反思》一书里的不少段落，似乎都是为专门针对米斯特进行一番教育。在反思诚实是一种多么优秀的品质时，鲁滨孙表达了这样一种观点，即诚实是一种相当普遍的品质，每个人都应该为自己过去诚实的做法心怀感恩。在《鲁滨孙漂流记》一书里，鲁滨孙希望读者能够注意到，他始终得到那位英国水手寡妇、那位葡萄牙船长、那个名叫佐立的男孩以及他的仆人星期五的忠诚对待。笛福希望通过这样寓言式的写作手法，能够让米斯特从中找到一个学习的榜样。当我们审视《严肃的反思》一书呈现出来的基调，就会发现这是非常虔诚、具有道德性与谦逊的，这只能是源于一个有着睿智、简朴与真诚本性的人才能写出来的。因此，当笛福发现了米斯特的背叛行为之后，他的内心是多么的愤怒。笛福这样的写作手法，在这部小说杰作里得到了全面的展示。在印刷的墨水干燥之前，笛福就已经决定通过这本小说，更好地表达他对人生行为较为宽泛的理解，表达他那焦躁不安的人生。

有趣的是，在《严肃的反思》一书里，我们可以找到似乎是笛福表达歉意的段落。我们也会逐渐相信，笛福之前犯下一些错误是情有可原的。在《浮华世界》的作者的总结下，笛福道歉的内容凝结成了一句格言。毫无疑问，对那些并不完全缺乏良知的不诚实之人来说，这句格言显然是一种给予他们安慰的人生哲学。


迫于生计会让一个诚实之人变成骗子。如果按照一般的标准去进行评判的话，那么世界上所有还活着的穷人都不可能是诚实的人。

与此同时，富人反过来则是诚实的人。因为他不需要迫于生计去做一些事情，因此他能够在世人面前展现出诚实的模样。因为富人不需要出卖个人的正直品格，也不需要去触碰到不诚实的边界。你可以跟我说说你所见到的真正诚实之人，总是能够按时给别人支付金钱，并且从来不欠下任何债务，不会让任何人感到不满。很好，我想要问的是，这样一个诚实之人处在什么样的环境呢？什么，他有很多财产，每年都有优厚的薪水，并且没有什么其他事情可做。如果此人是一个骗子的话，那么魔鬼肯定会完全控制住他。任何因为金钱而犯下邪恶罪行的人，即便连魔鬼本身在制造邪恶的同时，也都不曾因为迫于生计而表现得更加邪恶。没有人会心狠手辣到了为了乐趣而进行犯罪的活动。那些犯罪的人肯定有着某种需要去满足的心理。这可能是他们内在的野心、自尊或是贪婪，正是这样的欲望让富人变成骗子，让迫于生计的穷人变成骗子。

这就是笛福在创作《鲁滨孙漂流记》一书里，借鲁滨孙之口所说出来的借口。事实上，他提出的这个借口，可以说都适用于他创作的每一本小说故事，无论是《杰克船长》《凤舞红尘》还是《洛克珊娜女士》等作品里的主人公，他们都是因为自身的恶意而去从事犯罪活动，他们并不是为了从中获得乐趣。他们觉得，要是他们处在另一个不同的环境，可能会变成这个社会里更加体面、更加具有美德的一员。杰克船长是在伦敦生活的阿拉伯人，从小就是在一个充满犯罪行为的环境下成长。在他知道犯罪的行为并不是养活自己的唯一光明大道之前，就已经进行了偷窃活动。莫尔·弗兰德斯与洛克珊娜则是因为面临着所处环境的重压，而她们又无力去应对这样的事实。即便在他们受到诱惑要走向歧途的时候，在堕落的过程中，内心其实是会产生悔恨的情感。很多好人可能会这样评价他们："幸好有上帝的眷顾，否则我也会沦落为他们那样的人。"当然，笛福在看待这些人物的时候，并不是从巴克斯特①或是班杨②的角度去看待的。虽然笛福在描述他们的时候，进行了很多道德说教层面的反思。笛福非常谨慎地表示，如果他不认为创作这些人的故事，会对社会不良的教育或是那些沉浸在虚荣世界里的人产生积极的影响，那么他是绝对不会创作这些故事的。但是，如果这些人物凭借他们的智慧过着那种冒险的生活，对他没有任何吸引力的话，即便笛福有再多的文学才华，也肯定无法成功表达对他们的怜悯之心。我们在阅读笛福作品的时候，经常会感受到一种流氓式的愤世嫉俗情感。一般来说，这种流氓式的愤世嫉俗

①巴克斯特（Richard Baxter，1615—1691），英国清教会领袖、诗人、赞美诗作家、神学家、辩论家。

②班杨（John Bunyan，1628—1688），英格兰基督教作家、布道家，著作《天路历程》可说是最著名的基督教寓言文学出版物。

情感都是我们会在那些人生经历比较曲折的人身上才能看到的。笛福过分依赖于公众对诚实的坦白的接受程度，从而贬低了这些故事的价值。但是，当他发现其他人在展现出无私的动机时，他始终会站出来提醒这些人，他们表现出来的无私情感，也并不会比那些宣称能够凭借自身的爱意去治愈疾病的滑稽丑角无私多少。笛福本身就是一个顺从环境的人，因此他发现在很多不同的道路上都是非常有趣的。他对那些始终表现出个人正直或是光明正大的人有着某种敌意。在笛福看来，一个罪者的动机，其实与一个圣人的动机并没有太大的差别。

笛福描述那些小偷与海盗故事的主要目的，本质上与他当年创作《英国商人全集》这本宣传册没有什么区别，就是希望读者的行为能够与这样的理想保持一致。在笛福看来，每个人都应该首先顾及个人的自我利益，而自力更生则应该成为每个人唯一不变的信条。

一个站在柜台后面的商人，肯定不能带有一般状态下的情感与血肉，不能表现出过分强烈的激情，也不能表现出任何怨恨心理。他绝对不能表现出愤怒的情绪——即便他的内心真的感到愤怒，也绝对不能表露出来。如果一位客人与他就价值五百镑的商品出现了意见分歧的时候，虽然这些顾客光顾他的店铺时，内心根本没有想着要购买这些商品，只是想看看这些销售的商品，他也应该知道，这些顾客在其他商店里，肯定也会做着相同的事情。这是很普通的。因此，每个商人都应该承受这样的事情，他必须要认识到，善待顾客是他的本职工作，即便顾客最后没有购买商品，他的服务也绝对不是白白浪费的，因此他绝对不能心生怨恨之心，必须要以亲切的态度去面对顾客的咨询，即便顾客最后什么都没有购买，这也没有关系。这样做的道理是非常简单的。如果某些人存心要给他找麻烦，什么东西都不卖，那么肯定会有其他顾客购买一些东西。至于那些故意刁难商家的顾客，这是任何从事经营行业的人都会遇到的。

　　在笛福的小说故事里刻画的无论是男主人公还是女主人公，都具有一种务实的精神，都懂得让手段去服务于最后的结果。当他们在内心定下了一个目标之后，那么无论是打家劫舍、劫掠一艘船，还是欺诈那些容易上当的人，他们都绝对不会让自己的激情、怨恨或是情感以任何形式去阻挡他们实现这样的目标。当他们决定必须要实现某个目标的时候，其他任何的考量都必须要被搁置在一边。笛福所描绘的这些人物，都是那些走入了歧途的人物形象。他们对所谓罪恶的英雄主义没有任何概念，他们的犯罪学行为并不是某种不可控制的激情的产物，甚至也不会是他们反抗传统思想限制的一种结果。事实上，真正让他们最后成为罪犯的原因，在于他们所处的现实环境，而不是他们天生就具有一种犯罪的冲动。一个小说家应该怎样去进行创作，才能让这样的故事变得更加有趣呢，只是因为我们是一个重视经商的国度，因此每个经商的人，都会对这样的熟悉套路比较感兴趣呢，还是笛福想让我们享受他作品里男女主人公表现出来的勇敢与聪明，而没有想过要充分展现出这些人物的品质呢？笛福非常乐意采取勇敢的权宜之计，沉浸在他那熟练设计出来的情节与情景安排中。除此之外，笛福很少会让我们去思考这些人的人生本身是成功还是失败这个问题。我们的注意力都集中在这场游戏上，因此我们在那个时刻没有注意到参与这场游戏的选手。查尔斯·兰姆在评价《英国商人全集》这本书的时候说："笛福创作的这本书，会让我们的心灵变得狭隘与堕落。如果他在书中所提倡的格言，就像那些放肆的流亡者那样容易传染的话，那么这个世界就乱套了。幸好这样的情形没有出现。如果我生活在笛福的那个时代，我肯定会向米德塞克的陪审团告发笛福的行为，说笛福创作的很多作品，都具有卑鄙与侮辱性质的倾向。"不过，如果笛福真的以小说的形式去进行创作，并且兢兢业业地按照这条格言，从一个跑腿的男孩变成一个腰缠万贯的资本家，那么这肯定与笛福描述那些成功的小偷或是相对成功的娼妓的人生来得更加有趣。当然，这也体现了笛福的人生观，无论采取怎样的方式去做，任何手段都应该服务于最终的目标。

# 第十章
# 笛福的神秘死亡

笛福在描述一位蛊惑人心的谈话者时说："这些人所能采取的最好方式，就是继续欺骗下去，充分展现欺骗这种犯罪行为的独一无二的性质。这是一种奇怪的表达方式，但我要说的是，他们所采取的方式，就是一直以欺骗的方式去蒙骗别人，直到他们的本性完全暴露。只有到那时，他们才无法继续欺骗下去了，因为他们的骗术已经黔驴技穷。因此，欺骗的精髓就消失了。因为对一个谎言的描述，就是说某人说出这样的话，只是为了欺骗别人。现在，既然没有人再愿意相信他，因此他也无法再继续说谎了，因为没有人会继续被他欺骗。"

笛福说的这段话，其实也发生在他自己身上。在《鲁滨孙漂流记》一书出版之后，笛福达到了他人生声望的顶峰。此时，笛福的富有程度，超过他当年获得威廉三世信任的时期，也要超过他当年忙着从事制造生产与商业活动的时期。在新闻报纸领域，笛福不再是一个孤独的人。与他在小说中所描绘的那个主人公一样，笛福也拥有了好几个庄园，还有很多人一起帮助他。他与四本期刊保持着联系，即便单从这一点来看，笛福的收入就不会少。除此之外，笛福以平均每年六本书的速度去进行创作，当然其中一些是宣传册，一些则是篇幅较长的书籍。笛福创作的这些书籍，都是为了满足当时读者的阅读需求，其中几本书还受到了读者的热烈追捧，在出版之后的几个月里，就再版了三四次。在这个时候，笛福还能获得政府给予的薪水。他在一封现存下来的信件里表示，笛福的这份薪水实在是来得有点迟了。除此之外，1726年一份报纸上刊登了一个关于遗失的口袋书的广告，里面就两次列举了与笛福名字相关的账单，这似乎表明，此时的笛福除了文学创作之外，还有其他商业层面上的交易。总而言之，此时的笛福过着富足的生活，终于甩掉了贫穷的帽子。他在斯托克纽因顿①建造了一座庞大的房子，这座房子还配有马厩、游乐场以及一辆马车。

我们可以从自然主义者亨利·巴克的笔记中，看到笛福在这个时期的生活是相当愉悦的。巴克娶了笛福的一个女儿为妻，并且得到了笛福的资助，创办了我们在前文所谈到的《世界旁观者》这份期刊。巴克原本是一位书商，1724年，他在纽因顿地区创办了一所聋哑学校。根据巴克现存的笔记，我们可以知道，他"是通过笛福所写的文章认识笛福的，当时笛福刚刚在这里建造了一栋庞大的房子，作为他离开伦敦时的休养住所。平时，笛福要么在宽阔的花园里修剪花草，要么就是在书房里进行创作，他总是能够找到很多赚钱的办法"。笛福"现在至少已经六十岁了，患上痛风与结石等疾病，但他仍然保持着最健全的心智能力"。巴克接着写道，他"经常会在茶桌上见到笛福三个美丽的女儿，她们都以各自的美丽、教养以及得体的举止而受到别人的尊重。如果笛福有时身患疾病，无法与她们在一起，那么巴克就会在天气适宜的时候，陪她们在花园里转一圈"。巴克将他追求的目标锁定在笛福最小的女儿索菲亚身上。作为一个小心谨慎的追求

---

① 斯托克纽因顿（Stoke Newington），英国伦敦的一个地区，相当于哈克尼伦敦自治市的西北部地区。

者，他慢慢与笛福商量将索菲亚娶过门的想法。笛福对此事的表态也非常有意思。笛福说："他对我所处的环境一无所知，只是从我展现出来的富足生活状态得出结论。他必须要有能力让我的女儿过上体面的生活。我并不要求她过上大富大贵的生活，只是希望能够让我的女儿过得衣食无忧。"当巴克与笛福亲口谈到这门婚事的时候，笛福同意了他的要求，但表示希望他能够给予一定数目的金钱。不过，当巴克后来具体询问笛福需要多少数目的金钱时，笛福则表示这是没有必要的，自己相信巴克的为人。巴克与笛福之前在谈论的时候，并不知道笛福之前所经历的那么多事情。笛福觉得自己不能没有目前所拥有的金钱。在他临死的时候，他的女儿将会得到他的遗产。因为他给了女儿不少的债券。巴克曾对笛福说，他不能收下这些债券资产。因此他与索菲亚的婚礼直到两年之后才举办。最后，当笛福去世的时候，他留下了五百英镑的遗产，还有在纽因顿的这座房子。

除了笛福的大女儿嫁给了一个名叫兰利的人之外，有关笛福家人的信息非常少。兰利以妻子的名义进行海上供应品的投机生意，并赚了不少钱。后来，他们在科尔切斯特[①]买下了价值 1020 英镑的房产。笛福的二儿子名叫本杰明，他后来成为一名记者，曾担任过《伦敦期刊》的编辑。1721 年，他因为在这份报纸上发表了一篇具有诽谤性与煽动性的文章，遭遇了一些麻烦。威廉·李曾认定《苹果峰》的一位作者就是笛福本人。这位作者经常在《苹果峰》期刊上发表文章评论当时的时事，否认很多人所说的著名的丹尼尔·笛福就是写作这些冒犯政府文章的作者的传言。同一位作者宣称"所谓笛福的儿子，只是一个掩护自己行为的借口与工具，用来为自己遭遇的各种麻烦开脱。

---

① 科尔切斯特（Colchester），英国英格兰东部地区埃塞克斯郡的镇，它是英国有历史记载最古老的城镇和市场。

他就是那位创作众多诽谤性文章的作者。但是，他却假装是这份期刊的所有者，从而躲过理应受到的惩罚"。

当米斯特发现笛福与政府之间的关系之后，笛福的二儿子本杰明似乎在这场纷争中，并没有表现得很好。当米斯特对本杰明的攻击没有产生效果的时候，米斯特似乎想要通过向国外传播这个事实，从而进行报复。笛福对米斯特这种恩将仇报的做法表现出愤慨之情，并不能洗脱他在这些事情上的嫌疑。从这之后，《苹果峰》期刊的印刷工人与其他编辑开始疏远他。按照威廉·李对笛福与《苹果峰》之间关系的估计，他们俩之间的关系在1726年3月突然断绝了。此后没多久，笛福在他创作的《街头抢劫》这本宣传册的前言里，抱怨说这本期刊的其他人都不愿意与他进行任何交流。"亲爱的读者，你们可以深信一点，"笛福说，"我从未在这本宣传册里透露个人的计划。在没有顾及编辑或是出版商感受的情况下，我是不可能将这些内容刊登在期刊上的。我只能怀着一种虚荣的想法认为，他们可能将我寄给他们的一些内容添加进去。也就是说，我在他们的期刊上，可以看到我的文章，而且他们没有向我支付一分钱。但是，让我感到难受的是，我发现自己寄去的文章遭到了他们的拒绝，而且他们还不将原稿寄回给我，让没有留下备份的我失去了这篇文章的手稿。"在这篇前言里，笛福用充满感染力的文字谈论了自己的年龄与虚弱的身体。他恳求读者能够"原谅他这样一个多管闲事的老人表现出来的虚荣心"，他希望读者明白，他之前所做的一切，都是为了服务这个国家。"我这个老人不会再继续打扰你们多长时间了。我内心最好的打算，就是将年龄与人性的弱点所带来的弊端清除掉。"

笛福的这篇前言写于1728年。在接下来的一年里，笛福所遇到的事情，是让我们感到费解的。而笛福所写的一封保存下来的长信，更是让我们百思不得其解。笛福似乎遇到了什么事情，或是想象着某些事情可能会发生，正是这样的念头驱使着他离开家，躲藏起来。当时，他正在创作一本书《英国绅士全集》。当他突然在 1729 年 9 月离开家，不知所终的时候，这本书的一部分才刚刚印刷完。1730 年 8 月，笛福从自己躲藏的地方寄出一封信，小心谨慎地表示，自己生活在距离格林尼治①大约两英里的地方。他的这封信是寄给他的女婿巴克的。这封信的内容，是我们了解笛福到底遇到了什么事情的唯一线索。要是我们认为，此时的笛福因为过去数十年的辛苦创作与内心的焦虑，已经变得心力交瘁了，并且不再像过去那样有着不可战胜的自力更生能力了。显然，巴克曾在日记里抱怨说，笛福不允许他前去看望他。"我真诚地希望，"笛福回信说，"你千万不要过来看望我。与此相反，通过信件这种安全稳妥的方式与你们进行交流，要比你们前来拜访我来得更好。我可以通过信件与你，以及我亲爱的索菲亚进行交流。我不希望索菲亚因为要在黑暗中见到自己的父亲，而感到悲伤，我不希望她承受我现在感受到的无法承受的这种悲伤。"笛福在回信中，用感人的话语谈论着占据他心灵的悲伤情感：

索菲亚非常清楚，真正让我的精神垮掉的，并不是我所遭受的那些邪恶、虚伪的指责，还有可鄙的敌人的人身攻击，而是其他的事情让我遭遇了更大的灾难。我必须要说，正是我的儿子以非正义不人道的方式对待我，这不仅毁掉了我的家庭，而且让我的心感到破碎……我依赖我的儿子，我相信他，我将我那两个毫无生活来源的女儿都托

---

① 格林尼治（Greenwich），位于英国英格兰大伦敦东南的格林尼治区、泰晤士河以南的城区和历史古镇。格林尼治镇位于泰晤士河南岸，伦敦传统中心点查令十字东南偏东 8.9 公里处。

付到他的手上，但他没有任何怜悯之心，让他们过着贫穷的痛苦生活，让他那位垂死的母亲在他的家门口恳求着面包，他却将手上的面包隐藏起来。他过着富足的生活，却让自己的家人过着饥饿的生活。对我来说，这样的打击太大了。请原谅我的体弱多病，我无法再说更多了。我的整颗心都碎掉了。临死之前，我只想问你一件事。当我去世之后，希望你们能够帮助他们，让他们不要走入歧途。我希望你能够继续将他看成是你的兄弟。如果你们觉得怎么做才是最好的告慰我在天之灵的方式，我希望你们能够用我的财产，去资助他们，让他们不要因为各种虚假的借口或是扭曲的想法而遭受伤害。我希望他们过上有别人指引的舒适生活。但是，他们可能再也不会轻信别人的说法或是承诺了。

这封信的附言表明，巴克曾给笛福写信，谈论过关于出售那座房子的事情。读者也许还记得，这座房子是笛福留给巴克的遗产。"几个月前，我给你写了一封信，跟你谈论了这件事，希望得到你的回复。但是，你一直都没有跟我说，你是否收到了这封信。我现在想要得到你明确的答复。我想你的妻子索菲亚或是汉纳也许会收到你这方面的来信。"巴克谈到笛福之前无视他谈论关于出售这座房子的事情，也许就证明了笛福对他这样做是不满意的。显然，巴克想要亲自找笛福谈一谈这件事。在这封信的开头，笛福就表示，虽然他不希望自己的女婿前来见他，他的内心感到非常悲伤，因此不愿意见到任何人。正如我们在上文所谈到的，笛福对他的儿子进行一番控诉之后，接着解释说，他现在不愿意见到巴克。显然，笛福的家人有一段时间没有留意笛福内心的想法了。"现在，我居住在远离伦敦的肯特，我在伦敦没有了落脚点。从我上次给你写信，告诉你我已经不在老贝利街那里居住了。现在，我的身体很虚弱，有时会出现发烧，这让我的精神状态很差。"事实上，笛福提出了一个计划，要是按照这个计划，他可以见见他的女婿与女儿。笛福不愿意让他们专门跑那么远的路前来看望自己。"即便要见你们的话，也是我前去见你们，看一下你们现在的样子，然后我就会马上离开。对我来说，这样的心理负担实在太沉重了。离别时所带来的伤感要远远超过见面时的喜悦。"但是，巴克与索菲亚能够在恩菲尔德[①]为笛福找到一处隐居的地方，"他可以过着默默无闻的生活，并且时常还能感受到见他们的乐趣，那么他肯定愿意在孤独中度过自己的余生，每两三个星期与他们见面半个小时"。不管怎么说，笛福还是认为这样的计划是不可能实现的。这封信结尾处，笛福深情地表达了内心的悲伤情感，表示自己已经接近了人生的尽头，可能再也无法见到他们了。最后，笛福显然避免做出他不想要见到的女婿的结论，而巴克想要跟他见面谈论有关金钱方面的事情，更是他不愿意谈论的话题。

　　难道笛福的推辞是他精神开始出现错乱的开端吗？难道他不告知女婿自己的住址，只是他出于多年来形成的一种自我依赖的生活习惯，让他选择以这样的方式去面对人生最大的风险吗？为什么笛福要以如此夸张的方式描述他那个不孝顺儿子的行为呢？从我上面所引述的内容来看，我们可以知道他的儿子到底犯下了什么错。笛福之前已经将一些财产留给他的儿子托管，用于他的妻子与女儿们的生活。但是，他的儿子却没有按照他的想法去做，而是完全占为己有，承诺他会继续为她们保管这些财产。正是出于这个原因，笛福才将自己的妻子与女儿们说成是"在他的家门口乞求着面包，仿佛是得到他的施舍

---

① 恩菲尔德（Enfield），英国英格兰大伦敦外伦敦的自治市。

一样"。事实上，他的妻子与女儿们是完全有权利获得这些东西的。为什么笛福在写给女婿的这封信里，用如此强烈的语气去表达内心的悲伤情感，同时表示希望他能够谨慎地利用自己的财产呢？巴克在写给岳父笛福的一封信里，就询问了属于他妻子的那一份财产的事情。在回信里，笛福用深情的方式进行了回答，描绘了年老的自己身体虚弱，过着痛苦的生活，还谈到了他的儿子背叛了自己，从而毁掉了他的这个家。笛福表示，希望在他离开这个世界之后，他的女婿能够与自己的妻子与女儿们站在一起。至于巴克在信件的附言里提到的有关财产的问题，笛福并没有正面回答。他表示自己不会出售那座房子，他也不知道谁了解这方面的信息。

晚年的笛福过着默默无闻的生活，但他唯一忧虑的事，就是希望为自己那些无法养活自己的家人提供一个保障。笛福晚年之所以要过着东躲西藏的生活，也许就是为了躲藏他的那些债主。我们已经知道，笛福在1718年以及之后几年的收入都很不错，但他在1726年因为报纸失去了信誉，导致他欠下了很多债务。笛福之前可能还欠下过不少债务。否则，我们就很难解释为什么笛福会感到如此痛苦。这也解释了，当他过着富足的生活时，他将自己的财产留给自己的孩子。早在1720年，笛福就将财产留给自己的女儿汉纳。我在前面已经引述了这方面的信件，可以看出笛福之前在纽因顿的那座房产并不是在他的名下。在这封信里，笛福谈到了那些故意作伪证来陷害他的可耻敌人，才是他沦落到如此境地的主要原因。威廉·李推测，这个陷害他的人可能是米斯特。米斯特成功地与政府内部的一些人取得联系，然后说服他们，声称笛福在从事秘密活动过程中，犯下了叛国罪。笛福可能正是因为收到了这样的风声，而选择了逃离。但是，我们很难想象，政府会相信米斯特这样一个因为发表煽动性言论而遭到

笛福墓，英国伦敦邦希田园

驱逐的人对笛福所做出的指控。更有可能的情形是，米斯特与他的支持者出于金钱利益的驱使，鼓吹笛福之前收了不少钱，做出了叛国的行为。

事实上，我们可以认定，让笛福在人生最后的两年时间里，以一个无家可归的流浪者与逃亡者的身份去生活的恐惧感，很有可能是他个人臆想出来的。1731年4月26日，笛福在穆菲尔兹的罗普梅克小巷的住所里，于睡梦中离开了人世。1733年9月，按照伦敦民事律师协会出版的一本书提供的情况，我们可以看到管理他的财物与不动产的权利，落入了一位名叫玛丽·布鲁克斯的寡妇手上。这是官方在找寻笛福的近亲时，所能找到的唯一一个人。如果笛福是出于个人臆想出来的恐惧感而选择离开家，并时刻怀疑他的家人可能会将他带回家。那么当笛福去世之后，我们就永远都无法知道真正驱使他离开家的动机了。在笛福去世之后，他的家人肯定都知道这件事，因为关于笛福去世的地点与时间都刊登在多家报纸上。在笛福写给他的女婿巴克的一封信里，他就表达了自己对除了儿子之外其他家人的热烈情感，这足以让我们产生这样的看法，即笛福会像复仇的李尔王那样，对他那个违背承诺的儿子进行报复。如果笛福的家人能够做出这样不自然的举动，那么他们就无法获得笛福剩余的财产。但是，为什么笛福的财产与不动产会落入那位名叫玛丽·布鲁克斯的寡妇之手呢？威廉·李大胆地推测，这位玛丽·布鲁克斯就是笛福在去世时所居住的房屋的主人，她管理着笛福的个人财产，从而为他支付生前的房租以及葬礼的费用。威廉·李提出的这个解释是相当简单的，足以解释大部分已知的事实，同时不需要我们对笛福的孩子们进行过多的揣测。当笛福最后被病魔征服之前，仍然千方百计地想办法躲避债主，不希望任何在法律层面上属于自己的东西被别人抢走。但是，关于这样的解释，还是会引发我们的怀疑，让我们感到费解。

威廉·李有充分的理由认为，笛福并不像一些其他传记作家所写的那样，是在某种真实的焦虑情感中去世的。穆菲尔兹的罗普梅克小巷，在 20 世纪初期居住了很多受人尊重的人物，这里的居住环境绝对不是贫穷肮脏的。因此，更有可能的事实是，笛福最后两年的流浪生活，是依靠政府给予的补贴度过的。鉴于当时笛福的身体状况还不是很糟糕，因此对笛福来说，过着这种流浪的生活，并不会像其他人那样，会给他带来那么多的痛苦。因为，笛福一生中的大部分时间都是在流浪中度过的。但是，不管怎么说，对于笛福这样一个充满活力的人来说，在身心痛苦与精神疲惫的状态下结束自己的生命，这都是让人感到惋惜的。除非我们毫无怜悯之心地认为，这是上天对笛福在道德层面上的缺陷所进行的惩罚。不过，当我们想到，当年迈的笛福身体虚弱，过着焦虑的生活时，却也不需要因为让人绝望的贫穷所带来的压力而感到烦恼，此时，我们的内心还是会感到些许的宽慰。我也不认为，笛福会像他在写给女婿的那封信里，表示担心自己去世之后，自己的家人会遭受灭顶之灾那样忧虑。我也不认为，笛福对自己儿子充满恶意的猜疑程度是那么深。在笛福写给巴克的那封信里，就可以看出此时的笛福已经有点精神错乱了，因为他在信件内容的衔接上，显得非常不连贯，出现语无伦次的情况。当我阅读笛福的这封信时，感觉这是笛福在聪明地回避答复他的女婿所提出的要获得部分财产的问题。在笛福一开始给自己女儿们分配财产的这个问题上，我们就可以看到，笛福是一个多么反复无常的人。从笛福的小说里，我们也可以知道他对那些追求财富的人的看法，知道他喜欢战胜其他追求财富的人。笛福可能认为，他最小的女儿因为嫁给了巴克，因此她能够过上相对舒适的生活。因此，他会将更多的心思放在自己那些当时尚未结婚的女儿身上。在我看来，笛福所写的那封信，就证明了笛福并不担心他们未来的生活，因此他才能以如此决断的勇气选择离家出走。虽然笛福不断表达着对家人的爱意，但这些信件还是说明了两个问题，笛福与他的女婿之间的关系已经有破裂的迹象了。笛福只是为巴克的报纸《世界旁观者》写了一篇创刊词以及一篇文章。他去世的时候，巴克得知这个噩耗时，也没有表达出太多的伤感。

如果我对笛福这些信件的解读是正确的话，那么这就将笛福在政治文章中显露出来的强烈特点充分展现出来了。笛福所写的这些信件，充分展现了他的写作能力以及圆滑的交流技巧，目的就是为了实现一个正义与仁慈的目标。我之前说过，笛福是一个缺乏诚实本性的人，我这样的说法也许会让读者感到有些奇怪。但是，在笛福的品格接受最终的考验之前，倘若我们对笛福的政治生涯进行这样的观察，就肯定会得出这样的结论。笛福是一个真正意义上的伟大骗子，也许是世界有史以来最厉害的骗子。他的不诚实本性已经深入骨髓了，因此无法从表面上看出来。但是，如果我们对笛福复杂而又奇怪的本性进行深入的研究，就会发现笛福的良知有着最为坚实的基础。在笛福去世之后，那个时代的人对他做出的评论当中，其中就有一个人的评论非常完美地阐述了笛福在政治上的地位："他对人类的了解，特别是对那些身居高位的人的了解——他生前经常与这些人进行交流——削弱了他对任何政治党派的归属感。不过，总的来说，他始终都在追求着公民权利与宗教自由，并在多个重要场合下，为这样的权利发出自己的声音。"笛福生前所接触的那些人，在他看来都不是人们要学习的好榜样。在笛福的一生当中，英国政治领域的道德标准可以说是处在历史最低点。很多人所处的地位，都要取决于他们受到国王的恩宠程度，而国王本身的王位就并非稳固。政党之间欲壑难填，更谈不上任何合作，让那些政客能够做到表里如一更是难上加难，因为每个人都需要靠自身能力首先在险恶的政治环境下生存下来。在此期间，笛福一直躲在背后，亲眼观察着很多人事变动，两耳充满了嫉妒、阴谋与背叛的真实故事。他见证过詹姆斯二世党人在威廉三世统治下担任官职，看到这些人争相谄媚，只为赢得国王的欢心。他们希望通过与詹姆斯二世的间谍进行谈判，从而为自己在国王面前邀功，或是出于自保的需求。他们似乎认为威廉三世会永远地活下去。在安妮女王统治期间，笛福见证了辉格党人整肃托利党人，也见过托利党人报复辉格党人，见过地位最高的政治家向汉诺威王室伸出一只手的同时，又向圣日耳曼王室伸出另一只手的行为。笛福见过最表里如一的人，非威廉三世莫属。每当笛福谈论起威廉三世的时候，总会流露出最深情的感恩。虽然笛福自己也是善变之人，但他那种善于利用局势去掩盖个人目的的能力，也着实让人佩服。可以说，除了笛福之外，在他那一代的政治家当中，没有哪个人能够始终在内心深处忠于光荣革命的原则，也没有谁能够像他那样始终追求着公民权利与宗教自由。没有哪一位公众人物能够像笛福这样，深刻地认识到持续地追求公民权利与宗教自由政策，会给整个国家带来多大的裨益。即便在他是哈利手下一员猛将之时，他都能让其他派系的人认为，他就是他们这个派系的人。他所参与的这些工作，就是为了让他的恩人哈利能够在汉诺威王朝担任要职。与其他所有人一样，笛福有时会通过阴谋，有时会通过公众媒体去达成目的。也许，他会为了完成威廉三世给英国政治家留下的两个目标而做出不懈的努力——其中一个目标就是让英格兰与苏格兰合并，成立一个联合王国；另一个目标就是让英国变成一个新教国家。除了高层政治这个领域之外，笛福所提出的各种改良社会的倡议与计划，都始终让他走在那个时代的最前列。笛福不能被视为道德层面上的楷模。但是，如果我们按照他所取得的成就，而不是他为了取得这些成就所采取的手段，去对他进行评价的话，那么很少有人能够像笛福这样，理应得到英国国民的感恩之情。也许，笛福是一个自私自利与虚荣心极强的人，但是他在政治生涯中的自私自利与虚荣心，是为了能够将他的那些政治盟友联合起来，从而去实现更加崇高的目标。可以说，笛福是将骗子与爱国者二者的特性都完美融合在一起的特殊人物。有时笛福将纯粹的骗子及其技巧发挥到了极致，有时则将纯粹的爱国者形象展现到了极致。笛福将这两种看似完全不着边的身份以复杂的方式融合起来，将他身上的那种焦躁不安的能量展现出来。可以说，历史上没有比笛福更好地将这两种元素完美地呈现出来的人了。这位《鲁滨孙漂流记》的作者，完全有资格激发起每个人心中的揣测与思考。

# 附录 1

# 弗吉尼亚·伍尔夫评笛福

数百年来，记录者一直唯恐自己在盱衡一个正在消逝的幽灵，而且被迫预告它正在接近消亡。这种恐惧在《鲁滨孙漂流记》中不仅不存在，而且只要产生这种念头都令人啼笑皆非。可能是真的，《鲁滨孙漂流记》到 1919 年 4 月 25 日才有 200 周年历史，但至于当下人们是否还读这本书，抑或将来是否继续读它，如此耳熟能详的推测却无人问津，200 年的影响会使我们感到惊奇，不朽之作《鲁滨孙漂流记》竟然才存世区区那么短时间。这本书便像是人类的佚名作，而不像某个才子的杰作，至于庆祝它的百年，我倒宁愿庆祝巨石阵<sup>①</sup>的百年，我们可能将此归因于这个事实：早在孩提时代，我们都听过《鲁滨孙漂流记》的朗诵，因此对笛福及其故事的看法就像希腊人对荷马一模一样。我们从未想过有笛福这么一个人，并告诉我们《鲁滨孙漂流记》就出自这样一位手握羽毛笔创作者之手，好像这一切令人生厌地搅乱了我们的心绪，也会毫无意义，可儿时的印象最为深刻且持久。现在

---

① 巨石阵（Stonehenge），位于英格兰威尔特郡埃姆斯伯里，英国的旅游热点地区，每年有近 100 万人从世界各地慕名前来参观。巨石阵也叫作圆形石林。那里的几十块巨石围成一个大圆圈，其中一些石块足有六米之高。据估计，圆形石林已经在这个一马平川的平原上矗立了几千年。

丹尼尔·笛福是否出现在《鲁滨孙漂流记》的封面上，好似无关痛痒。如果我们纪念这部作品诞生 200 周年，那这个事实毋庸置疑：像巨石阵一样，这部杰作依然存在。

这部书的鼎鼎大名于其作者来说有些不公平。因为当它给了他一种匿名的荣耀时，它也掩盖了他还创作过其他作品之实，而其他作品，客观说，并未大声朗读给我们儿童听。为此，当《基督世界》的主编于 1870 年呼吁"英国的男孩和女孩们"在一道闪电毁坏了的笛福墓前的一块碑时，人们便重新刻了现在这块大理石碑以纪念《鲁滨孙漂流记》的作者。没有提及《凤舞红尘》。考虑到那本书和《洛克珊娜女士》《辛格尔顿船长》《杰克上校》及其他作品中的主题，对于这样的疏漏，我们不必惊讶，更无需愤慨。我们可能会与笛福的传记作者怀特先生意见一致，这些"不是为客厅闲谈而写的作品"。但是，除非我们赞成让那件有用的家具作出最终审美判断，否则我们就一定会对这个事实感到遗憾：那些作品的粗糙，或者说《鲁滨孙漂流记》的广为流传，使它们远远没有得到应该得到的声誉。在任何不愧对碑名的墓碑上，《凤舞红尘》和《洛克珊娜女士》的名字至少应该与笛福的名字刻得一样深。它们屹立在我们能称之为无可争议的几部英国小说巨著中间。其中名声更大的这部巨著出版 200 周年纪念之际，很可能引起我们的思索，这些作品的伟大与作者的伟大有着许多共通之处，因此可能发现其伟大之所在。

笛福转向小说创作时已不再年轻，他的小说创作先于理查森和菲尔丁许多年，他确实是一位拓荒者，对英国现代小说形成和发展起了重要作用。不过，在此没必要评述他的先行这个事实，倒可以说，他怀着某些艺术观点来进行小说创作，而这些观点一部分可以追溯到他本人就是艺术先行者之一这个事实。这部小说不得不通过叙述一个真实的故事、宣讲一种完美的道德来证明其存在的合理性。"这种提供虚构故事的做法当然是一种最丑恶可耻的罪过",他写道,"是一种谎言在心中凿开了一个大洞,透过它,一种说谎的习惯渐渐地钻了进来。"因此,他在每一部作品的前言或正文中,都煞费苦心地坚持说,他一点也没有运用虚构手法,而是完全依赖事实;他一直追求崇高的道德,热望转变邪恶者、警示天真者。幸运的是,这些原则与其性情和天赋十分吻合。60 年形形色色的时运教给了他许许多多客观事实,接着,他将自身体验在小说中叙述了出来。"不久前我在这押韵对句中概括了我的生活片断",他写道:

> 谁曾品尝过更为罕见的时运,
> 我已十三次经历富有与赤贫。

他在纽盖特监狱待过 18 个月,与盗贼、海盗、拦路抢劫者以及铸伪币者交谈过,接着开始写作莫尔·弗兰德斯的故事。但是,凭借生活和事件将事实强加于人是一回事,如饥似渴地将它们囫囵吞下,然后保留其中难以磨灭的印象却是另一回事。笛福不仅了解贫困的重压,与贫困的受害者交谈过,而且那种受环境影响、被迫独立谋生而且没有保护的生活强烈地感染了他,使他极富想象力地将这种生活用作他的艺术素材。在他那些重要小说的开头几页,总是让他的男女主人公沦落到没有朋友的痛苦境地,他们的生存必定靠不断地斗争,他们在任何情况下的幸存都是幸运和自身努力的结果。莫尔·弗兰德斯生于纽盖特监狱,母亲是一名罪犯;辛格尔顿船长孩提时代被人拐卖给了吉卜赛人;杰克上校"虽然生来是一位绅士,却被送到扒手那里当学徒";洛克珊娜开始时运气好一些,但是,15 岁结婚后,她目睹丈夫破产，自己则被遗弃，与五个孩子生活在"一种言语难以表达的最最可悲的状态"之中。

因此，这些男孩和女孩中每一个人都需要开启自己的世界，需要为自己奋争而战斗。如此营造的局面完全出乎笛福的意料。他们中最为有名的莫尔·弗兰德斯一出生，或者最多过了半年就受到了"贫困，那个最可恶的魔鬼"的困扰。她刚学会缝纫就被迫自谋生路，不得不到处流浪。她不奢望她的创造者提供那种微妙的家庭气氛，实际上笛福也不可能提供，而是靠他展示异乡人和异国习俗。从一开始，证明自己生存权利的重任就落到了她肩上。她必须完全依靠自己的智慧、自己的判断，凭借自己头脑里发明的一种经验法则或道德观来应付每一个突发事件。这个故事轻松活泼，部分是由于莫尔·弗兰德斯在很早时候就超越了那些公认的法则，因而获得了弃儿的自由。唯一不可能发生的事是，她竟然过上舒适安定的生活。不过，作者独特的创造才能从开始起就显示出来，这就避免了落入明显冒险小说窠臼的危险。他让我们懂得，莫尔·弗兰德斯是一位独立的女性，而不仅仅是一系列冒险事件中的素材。为了证明这一点，她像洛克珊娜一样开始感情炽热地，虽为不幸地陷入恋爱之中。她必须振作起来，嫁给别人，她热切地盼望着成婚和美好前程，这一切并不是蔑视她的热情，而是归咎于她的出身。像笛福作品中的所有女性，她是一个具备健全思维能力的人。因为既然谎言对她有用，她就无所顾忌地撒谎，所以她说的真话中有一点无可否认的东西。她没有时间浪费在个人情感的完善上；泪流了，一时的绝望发生了，然后"故事继续"。她有一种喜欢勇敢面对暴风雨的精神，她在行使自己的权利中取乐。当她发现在弗吉尼亚嫁的那个男人是自己的兄弟时，她感到万分愤慨，坚持要离开他；但是一旦等她到布里斯托尔，"我转道去巴思，因为既然我还正当年轻，我那总是十分快乐的性情，仍然如故并发展到了极致"。她并不绝情，也没有任何人能指责她轻浮；但是，生活使她快乐。一个栩栩如生的女主人公支配了我们所有人。此外，她的抱负中有一种轻微的想象，使其置于崇高情感之列。她精明而且势必讲究实际，但她还是常常渴望浪漫，渴望她感觉使人成为绅士的那种品质。"他具备一种真正的骑士精神，这对我来说则更加痛苦。被一个正直的人毁了与被恶棍毁了相比多少还有一点安慰。"当她欺骗了一个拦路抢劫者，论及她的命运时她写道。这与她的性情相符，她该为她的最终伴侣而自豪，因为他到达种植园后不肯干活而宁可打猎，她一定十分高兴，为他买了假发和银柄剑"使他看上去像，因为他实际上也是，一个举止优雅的绅士"。始终如一的是她对炎热天气的酷爱，是她亲吻儿子走过的大地时那种激情，是她那高尚的宽容精神，她宽容各种各样的错误，只要错误不是"精神上完全的卑鄙"，不是"位显时专横跋扈、残酷无情，位卑时卑躬屈节、一蹶不振"。对于世上其他人，她只有善意。

既然这位久经考验的老罪人的品格和美德一点也没有耗尽，我们完全可以理解，伦敦桥上博罗的卖苹果的女人怎么会称她为"尊敬的玛利亚"，并且把她的书看得比她摊上所有的苹果都重要，博罗将书带进货棚深处，直读到眼睛发疼为止。不过我们在大谈性格特征时意在证明，莫尔·弗兰德斯并不像他受到指责的那样，仅仅是一个不懂心理学本质的旅行家，刻板的事实记录者。确实，他笔下人物性格自由自在地形成、发展，仿佛不管作者的态度，并且不完全合作者胃口。他从来不纠缠或强调任何微妙之处或令人怜悯的地方，而是沉着冷静地一往无前，仿佛那些人物是在他不知不觉中来到那里的。像亲王坐在他儿子的摇篮边，洛克珊娜发现他如何"喜欢看他睡着的样子"这样的一点儿想象，似乎对我们比对他自己意味更加深长。在那篇现代议论文之后，他对自己的离题表示了歉意。那篇论文晦涩难懂，论及传达重要事务给他人的必要性以免我们像纽盖特监狱里的贼那样会在睡梦中谈起此事。他似乎已经将人物深深地印在了脑海里，把他们描绘得栩栩如生，自己却不甚明白如何完成的；他像所有无意识的艺术家，在作品中留下许多有待后人开掘的金矿。

因此，我们对他的人物所作的阐释可能使他感到困惑。我们为自己发现了他精心掩饰甚至瞒过自己的内涵。为此，出现了这样的情况：我们钦佩莫尔·弗兰德斯远甚于对她的责备。我们也无法相信，笛福对她的罪过程度上有了准确认识，或者说，他没有意识到，在考虑被遗弃者的生活时，提出了许多深层次的问题，并且暗示出，如果没有直接陈述的话，与他表白的信仰全然不符的答案。从他那篇论文《妇女的教育》提供的论据，我们知道，他对自己评价很高的妇女能力问题以及自己无情鞭挞的妇女所遭受的不公问题已经有了深刻的、超越时代的思索。

我常常认为它是世界上最野蛮的习俗之一，我们被认为是文明的基督教国家，但是，我们却否认学习对妇女有好处。我们每天指责妇女愚蠢、荒谬，我自信地说，如果她们有与我们平等受教育的优势，那么她们受这种指责的机会比我们要少得多。

女权的倡导者们可能不会宣称莫尔·弗兰德斯和洛克珊娜是她们的典范，但是，十分清楚的是，笛福不仅想让她们就这个话题讨论一些十分现代的学说，而且把她们置于环境之中，在那里，她们特殊的苦难以这种方法展示出来以引起我们的同情。勇气，莫尔·弗兰德斯说，是妇女们之所需，还有那"自立"的能力；那很快就实实在在地显示出可能产生的益处。洛克珊娜，一个同样的女人，更加巧妙地批驳了受奴役的婚姻。她"开创了世风之光"，商人告诉她，"这是与常规做法完全相反的一种辩论方式"。不过，笛福是最不该为赤裸裸说教而受责备的作家。洛克珊娜吸引住了我们的注意力，因为她一点也没有意识到，她在任何意义上会成为女性的楷模，并且因此有权承认，她的部分论点"情调高尚，起先真不好存在于头脑里，一点也不"。对自己弱点的认识以及对那种认识产生的动机进行的诚实的反思，产生了令人满意的结果：当这么多问题小说的殉道者和开拓者畏缩不前、束手无策地退到他们各自信条的支撑点时，她却保持了青春活力，保持了人的本性。

不过，笛福得到我们的钦佩并不仅仅因为他的一些观点经证实先于梅瑞狄斯[①]，也不仅仅因为他写的一些场景可能已经被易卜生改成了剧本（奇怪的暗示出现）。无论他对妇女地位持何种看法，那都是他的品德主流产生的偶然结果，他论述事物重要而持久的一面，而非过眼烟云式的琐细方面。他常常显得枯燥；他会模仿科学的旅行家那种切合实际的精确，直到我们怀疑他的笔能否勾画或者他的大脑能否构想出那甚至缺乏真实托辞来缓解其枯燥的内容。他将全部植物性和大部分人性排除在外。对于这一切我们可能都会予以承认，尽管我们不得不承认他与我们称之为"伟大"的许多作家一样也有许多严重的不足。但是，那并不损害其余独特的优点。由于开头就限制了范畴和抱负，他获得了真知灼见，那要比他声称作为目标追求的客观真实更为珍贵、更加经久。莫尔·弗兰德斯及其朋友们把自己托付给他，不是

---

① 梅瑞狄斯（George Meredith, 1828—1909），英国维多利亚时代诗人、小说家。他的诗歌多取材现实和个人经历，真诚地表达着自己的悲伤与快乐；他的小说如《比尤坎普的职业》《利己主义者》和《十字路口的戴安娜》以其结构严密、人物形象鲜明、对话精彩获得了评论家和读者的一致欢迎；他对喜剧创作的论文是喜剧理论上的重要文献；他作为审稿人给年轻作家的建议和对他们作品的评论影响了很多作家。

因为她们如我们说的那样"别具一格，栩栩如生"，也不是因为她们像他申明的那样是公众可以从中获益的堕落人生的实例，而是艰难生活孕育出的那种自然真实性激起了他的兴趣。对于她们来说，没有任何借口，没有任何善意的庇护掩盖得住她们的动机。贫穷是她们的监工，笛福只是口头上判断了她们的失败。但是，她们的勇气、谋略和顽强却使他兴奋不已。他发现她们的社会充满有益的话题、令人愉悦的故事、相互间的信任和一种自行制定的道德准则。她们的命运多种多样，他在自己生活中赞美、欣赏并且惊讶地注视过这些命运。总之，这些男男女女能随心所欲地公开谈论那些开天辟地以来就感动了人类的情感和欲望，因此，甚至现在他们还保持着活力，丝毫未减。分开看待的任何事物都有其尊严，甚至连在他们历史上起过重大作用的金钱这个亘古不变的话题，再不是为了安逸和显要，而是为了荣誉、诚实和生活本身而突出时，也变得不再可鄙而成为可悲，你可能不同意笛福单调乏味的这个观点，但千万别对他沉溺于琐细小事持反对意见。

他确实属于那种伟大而朴素的作家，他的作品建立在认识到人性中什么是最有韧性的，尽管不是最有吸引力的东西。从洪格福德桥①上看到的伦敦景色深深映入他的脑海之中，灰蒙蒙，庄严雄伟，充满商贸压抑的骚动，若不是轮船的桅杆、城市的尖塔和穹顶，它会显得平淡无奇。街角手持紫罗兰花、衣衫褴褛的女孩，拱门阴影下耐心地摊开火柴、鞋带等杂货的饱经风霜的老妪，都恰似他书中的人物。他不仅是苛刻学术领域的研究者，而且是学术的缔造者。

---

① 洪格福德桥（Hungerford Bridge），一座位于英国伦敦中心区泰晤士河上的铁路桥，位于滑铁卢桥和威斯敏斯特桥之间。桥北端就是查灵十字车站，因而有时又被称为查灵十字桥（Charing Cross Bridge）。

John Dawson Watson（1832—1892）手绘作品

# 附录2

# 弗吉尼亚·伍尔夫评《鲁滨孙漂流记》

対于《鲁滨孙漂流记》这么一部经典作品，人们可以从多种途径来加以探讨。那么，我们该选择哪一条途径呢？我们是不是该首先这么说：自从锡德尼①丢下未完成的《阿卡迪亚》在聚特芬去世之后，英国人的生活经历了巨大的变化，而小说则选定了——或者说不得不选定了——它的发展方向？一个中产阶级已经形成；他们能够阅读，不仅迫切地要求阅读王子和公主的爱情故事，而且急于阅读有关他们自己以及他们平凡生活的细节的书。散文体，经过千百文人之手的操练，已经能完全适应这种需求；它比诗歌体更能够表现生活的实际。这当然是探讨《鲁滨孙漂流记》的一种途径——从小说发展的角度来探讨；但另一种途径也同样可取——从作者生平这一角度来探讨。在传记这一极为丰富多彩的园地里，我们可以花费比从头至尾通读这本书更多的时间来进行探讨。首先，笛福的出生年份就是桩疑案——究竟是1660年还是1661年呢？其次，他将自己的名字拼成一个词还是两个词？还有，他的祖先是谁呢？据说，他曾经做过针织品经销商；然而，在17世纪，一个针织品经销商究竟算什么呢？后来，他成为一

---

① 锡德尼（**Philip Sidney**，1554—1586），英国诗人、宫廷官员、政治家、
学者、军人，伊丽莎白时代最重要的人物之一。

位小册子作者，因此而受到威廉三世的青睐；可是他的一本小册子又使他受到带枷示众的处罚并被关进纽盖特监狱。他早先受雇于哈利，后来又受雇于戈多芬。他是第一个受金钱雇佣的记者，写过许多小册子和文章。他还写了《凤舞红尘》和《鲁滨孙漂流记》。他有一个妻子和六个孩子。他身材瘦削，钩鼻子，尖下巴，灰眼睛，嘴角还有颗大黑痣。凡是对于英国文学略知一二的人，无需别人指点，都知道探求小说的发展历史、考察小说家的下巴该消磨掉多少时光，甚至耗费多少人毕生的精力。然而，当我们时不时翻阅传记、翻阅过传记再翻阅理论，一种疑虑便自然滋生：即使我们知道笛福的确切出生年月，他所爱是谁又因何而爱；即使我们将英国小说从它在埃及孕育（据说如此）直到它在巴拉圭旷野消亡（或许如此）的整个兴起、发展和衰亡史都记得一清二楚，难道我们阅读《鲁滨孙漂流记》的乐趣就能增加一分、对它的理解就能深入一层吗？

因为，只有书籍本身才会长久留存于世。在与书本的接触中，不管我们兜多少圈子，耍多少花招，最终等待我们的还是一场单独的较量。作者和读者首先得达成一笔交易，然后才有可能做成进一步的买卖；而在这私下的交流中，如果有人在一旁提醒说，笛福曾经卖过袜子，他有棕色的头发，曾带枷示众，这实在是让人感到分神和厌烦之举。我们的首要任务——这个任务往往是非常艰巨的——就在于把握作者的视角。我们必须了解小说家是怎样安排他笔下的世界的；须知那些批评家强加给我们的关于那个世界的种种修饰，传记家尤为关注的有关作者的冒险经历，对我们来说均不过是毫无用处的信息。我们必须完全靠自己爬到小说家的肩膀上，透过他的目光来观察世界，直到我们自己也能理解，小说家是按照怎样的顺序来安排他们要观察的普遍而重大的素材的：人类和人们，他们背后的大自然以及凌驾于他们之上、为简便起见我们可以称之为上帝的那种力量。不过，混乱、误解和麻烦随即由此产生。有些事物，在我们看来是如此简单，而一旦经小说家以其独特的方式将它们相互串联起来，就有可能变得夸张而怪异以致无法辨认了。实际情形恐怕确实如此：尽管人们摩肩接踵生活在一起，呼吸着同样的空气，但他们观察世界的比例感却每每大相径庭：在一个人眼里，人类是伟大的，树木是渺小的；而在另一个人眼里，树木是巨大的，人类只不过是映衬于大背景下的无足轻重的小玩意儿。因此，不管教科书里怎么说，作家们或许生活在同一时代，但他们眼中的世界个个不同。例如，在司各特眼里，山峰巍然屹立，因而他笔下的人物也形象高大；简·奥斯汀摘取茶杯上的玫瑰花与人物的连珠妙语相映成趣；而皮柯克①却以哈哈镜的目光来俯瞰天地之间的一切，结果一只茶杯看起来像维苏威火山，而维苏威火山看起来像一只茶杯。可是，司各特、奥斯汀和皮柯克生活在同一时代，他们看到的是同一世界，在教科书里他们又作为一个整体出现在文学史的同一章节里。他们的不同之处就在于各自的视角不同。因此，只要我们能牢牢把握这一点，我们最终就一定能赢得这一场较量；只要我们能保持与作者的亲密关系，我们就一定能够享受批评家和传记家慷慨地给予我们的种种乐趣。

但是，正是在这儿，许多困难浮现出来。因为我们看世界有我们自己的视角，这种视角又是在我们的经验和偏见中形成的，它自然跟我们自己的自负与爱好紧紧联系在一起。假如有人耍什么花招，打乱我们内心的和谐和宁静，我们就不可能不感到伤害和侮辱。因此，《无

---

① 皮柯克（Thomas Love Peacock，1785—1866），英国诗人、小说家，也曾是英国东印度公司的官员。他是珀西·雪莱的好友，彼此都对对方的创作产生过影响。

名的裘德》或普鲁斯特的某卷新作刚刚问世，报纸上就满是抗议之声。切尔腾南有一位吉卜斯少校说，如果生活真的像哈代所描绘的那样，那他马上就用一颗子弹击穿他的脑袋；汉普斯台德有一位韦格斯小姐肯定会提出抗议，尽管普鲁斯特的艺术精妙绝伦，但感谢上帝，现实世界跟一位反常的法国人的歪曲毫无共同之处。这位先生和这位女士都试图操纵小说家的视角，使之相似于并强加上他们自己的视角。但是，那些伟大的作家——像哈代或普鲁斯特——可不管私有财产的权利，而继续走他们自己的路。他们揩去额头上的汗水，从一片混沌之中清理出头绪：在这儿栽上树，在那儿安上人；随着自己的意愿，让神的雕像或隐身于远处，或出现在近前。在那些视角明晰、条理清楚、可以称之为杰作的书里，作者总是毫不留情地将他自己的视角强加给读者，往往使我们感到非常痛苦——由于内心平衡被打破，我们的自尊心受到了伤害；由于旧的精神支柱被扭曲，我们感到恐惧莫名；我们还感到厌倦——从一个全新的概念里我们又能汲取什么欢乐和愉悦呢？然而，正是从这种痛苦、恐惧和厌倦中，有时候偏偏会产生出一种罕见而持久的乐趣。

《鲁滨孙漂流记》或许就是一个典型的例证。它算得上是一部杰作。而它之所以成为一部杰作，很大一部分原因就在于笛福自始至终坚持以自己独特的视角来审视一切。由于这个缘故，他处处让我们受到挫折和嘲弄。让我们先大体地、随意地看一看这本书的主题，然后再将它和我们的预先构想作一番比较。我们知道这部小说讲的是关于一个人在经历了种种危险和奇遇之后，又被孤零零地抛到一个荒岛上的故事。一提起危险、孤独、荒岛，就足以让我们想象出在天的尽头有一片遥远的土地，在那里，日出日落，人在与人世隔绝之后对社会的本质以及人们古怪的生活方式陷入孤独的沉思。就这样，在打开书本之前，或许我们就已经把我们期待它可能给予我们的乐趣大致勾勒出来了。于是，我们便开始阅读；但是，每一页都毫不客气地与我们的预期相抵触。在那里，并没有什么日落日出，并没有孤独的沉思冥想。相反地，赫然出现在我们面前的只是一只硕大的陶土罐子。也就是说，作者只告诉我们，故事发生的时间是1651年9月1日，故事的主人公名叫鲁滨孙·克鲁索，他的父亲患痛风症。既然如此，很显然，我们就得改变我们的态度。在下面的章节里，现实、细节和物质主宰着一切。我们必须赶紧彻底改变我们的视角；大自然得脱下她华贵的紫袍，她带来的只不过是旱灾和水涝；人得沦落为为求生存而挣扎的动物；而全能的上帝则成了束手无策的小官吏，他的领地——实实在在而勉勉强强——只不过稍稍高于地平线而已。为了寻求三大基本透视点——上帝、人类、大自然的有关信息，我们的每一次尝试突破，都被书中板着面孔的寻常描写顶了回来。鲁滨孙·克鲁索想起了上帝："有时候我独自思忖：为什么上天要如此毁灭掉它亲手创造的全部生灵？但总有一个声音告诫我不应有这样的想法"——您瞧，上帝不复存在了。于是，他又想到大自然，原野里"装扮着花花草草，到处是美丽的树林"。但值得注意的是林子里栖息着成群的鹦鹉，它们可以被驯养，学说话——您瞧，大自然不复存在了。他还想到那些死者，他亲手杀掉的那些死者。眼下最紧要的就是赶快将他们埋起来，因为"他们在烈日下曝晒，很快便会不堪入目"——您瞧，死亡也不复存在了。至此，除了那只硕大的陶土罐子，一切都不复存在。也就是说，最终我们不得不放弃我们自己预设的构想，去接受笛福希望给予我们的一切。

让我们重新回到小说的开篇："1632年，我出生于约克市一个有教养的家庭。"没有比这样的开头更普通、更如实的了。看到这样的开头我们马上就会清晰地联想到，如此井井有条、勤勤恳恳的中产阶级生活该是多么的美好。我们确信，再没有比出生于中产阶级之家更幸运的了。那些显赫之家和贫寒之家都让人觉得可怜，他们都会心态失衡，局促不安。只有处于卑贱和高贵之间的中间地位才算得上最佳。那些中产阶级的优点——节制、温和、宁静和健康才是最令人向往的。那么，当一个中产阶级子弟被厄运所驱使，竟然傻里傻气地迷上历险时，那该是多么令人遗憾的事！于是，主人公就平铺直叙地往下写，一点一点地绘出他自己的画像，让我们永远不能忘怀——他同样永远不会忽略这一点，在我们心上留下不可磨灭的印记：他的精明，他的谨慎，他对秩序、舒适和体面的爱好。读着读着，不知不觉之中，我们发现我们自己也到了海上，处于惊涛骇浪之中；而且，我们也开始用鲁滨孙·克鲁索的目光来看待眼前的一切。波涛、水手、天空、船只——一切都是通过那双精明的、现实的、中产阶级的眼睛观察出来的。什么都逃不过他那双眼睛。天地间的一切都按照呈现在那双天生的谨慎、精明、传统、实际的眼中的那个样子，呈现在我们的面前。他不可能充满激情。对于大自然的庄严雄伟，他有着一丝天生的厌恶。他甚至怀疑造物主过分夸张。他太忙了，只着眼于主要的事，因此对周围发生的事只注意到十分之一。他确信，一切事物都能得到合理的解释，只要他有时间注意它们。看到那些"庞然大物"深夜游水过来包围住他的小船，我们比他还要惊慌。他马上端起枪朝它们开火，它们随即游跑了——至于它们究竟是狮子还是别的什么，他也确实说不上。就这样，我们越来越轻信，直到有一天，我们对一切奇闻怪事都不假思索地信以为真；而这些奇闻怪事，如果让一个想象力丰富、夸夸其谈的旅行者讲给我们听的话，我们原本会嗤之以鼻的。但是这一位刚毅的中产阶级人物所注目的每一件事我们都可以看作是确有其事。他老是在计算他的那些木桶，并且采取合乎情理的措施来维持淡水供应。我们几乎不可能发现他在细节描写方面有什么差错。我们感到奇怪：难道他忘掉了他将一大块蜂蜡留在了船上？不，绝对没忘。不过，既然他做了不少蜡烛，那块蜂蜡在第 38 页自然要比在第 32 页时小了不少。即使出乎意料，他的书中出现个别未能合理解释的、前后不一致的地方——例如，不光野猫那么服服帖帖，为什么连山羊也是那么怯生生的呢——我们也不会为此而感到尤为不安，因为我们确信，只要有时间，他会给我们说出其中缘由的，或许还是个相当精彩的理由哩。但是，一个人在荒岛上孤身奋斗，这种生活的压力可确实不是一件好笑的事啊！当然，也确实不是一件非哭不可的事啊！一个人必须关注一切。当电闪雷鸣可能引起火药爆炸的时候，当务之急是要为火药寻找一个安全存放的地方，又哪有闲情逸致来欣赏大自然的壮观景象呢？就这样，通过忠实地叙述他所面临的真实情况——凭借一个大艺术家的艺术敏感，有所摒弃，有所突出，以凸现他的最大的长处，即真实感——他终于能将平常行为写得高贵尊严，将平常事物写得美妙动人。翻掘土地，烘烤食物，种植庄稼，建造房舍——这些简单的活儿在小说家的笔下显得多么庄严凝重！短斧，剪刀，圆木，大斧——这些寻常的物体在小说家的笔下变得多么美妙动人！小说不为议论所左右，故事情节以恢宏而质朴的风格继续展开。话说回来，难道议论就能使小说更加动人？确实如此，他走的是跟心理学家截然相反的路子——他所描述的是情感对于躯体、而非情感对于心灵的影响。但是，当他说在那痛苦的瞬间，他双手紧攥足以捏碎任何柔软的东西的时候，当他说"我的上下牙紧紧啮合在一起，一时无法分开"的时候，这种效果给人印象之深就跟整页整页的心理分析差不多。在这方面，他个人的直觉是准确的。"让博物学家去解释这些事物，说出其中的缘由和方式吧"，他说道，"对于这些事物，我所能做的只不过是描述事实罢了。"当然如此，假如你是笛福的话，把事实描述出来也就够了；因为这种事实是真实存在的事实。在描述真实的天赋上，笛福可以跟散文大家相媲美，简直无人可以企及。"清晨，一片灰蒙蒙"——寥寥数语，就生动地描绘了一个多风的黎明。对孤独凄凉的感叹，对许多人死亡的感叹，作者是以如此极为平淡的方式表述的："从此以后，我再也没有见过他们，或者他们的踪迹——除了三顶礼帽、一只便帽和两只配不成对的鞋子。"最后，他大声说道："瞧呀！我就像个国王一样单独用餐，我的仆役们（他的鹦鹉、狗和两只猫）陪侍在侧。"读到这里，我们不禁感到似乎整个人类都孤独地待在这个荒岛上——不过，笛福有法子给我们的热情泼点凉水，他马上告诉我们，那两只猫可不是从船上带来的。船上带来的早就死了，这两只是新来的。事实上，由于猫的繁殖力极强，不久猫便成了岛上的麻烦；而狗哩，奇怪得很，竟没有繁衍后代。

就这样，通过一再将那只普普通通的陶土罐子放在最突出的位置，笛福终于引导我们看到那些遥远的岛屿和人类孤寂的灵魂。他固执地相信那确实是一只用泥土做的结结实实的罐子，这就使得其他一切因素都服从于他的意图——他已经用一根线将整个宇宙和谐地串联在一起了。因此，当我们合上这本书的时候，我们不禁要问：这只普普通通的陶土罐子，我们一旦能把握其特殊的视角，就像在星光闪烁的天空、高低起伏的山峦、波涛汹涌的海洋的背景下，人类带着无尽的尊严巍然屹立，我们还有什么理由不感到完完全全的满足呢？

# 《鲁滨孙漂流记》插图精选

# 名人传记系列

《查理·卓别林自传》

《赫伯特·胡佛传》

《亨利·福特传》

《尤利西斯·辛普森·格兰特传》

《安德鲁·卡内基自传》

《托马斯·爱迪生传》

《沃尔特·惠特曼传》

《伊萨多拉·邓肯自传》

《伊萨多拉·邓肯的最后岁月》

**《丹尼尔·笛福传》**

欢迎关注，与编辑互动